wegs

Bauen

Gion A. Caminada **unterwegs zum Bauen**
Ein Gespräch
über Architektur
mit
Florian Aicher

Birkhäuser
Basel

Herausgeber
Florian Aicher

Gedruckt mit freundlicher Unterstützung von
Pro Helvetia, Schweizer Kulturstiftung
SWISSLOS/Kulturförderung, Kanton Graubünden

Acquisitions Editor: David Marold, Birkhäuser Verlag, A-Wien
Project and Production Editor: Angelika Heller, Birkhäuser Verlag, A-Wien
Korrektorat: Monika Paff, D-Langenfeld
Cover und typografisches Konzept: Gorbach GmbH, Büro für Gestaltung und Realisierung
Satz: Sven Schrape, D-Berlin
Druck: Holzhausen Druck GmbH, A-Wolkersdorf

Library of Congress Control Number: 2018937581

Bibliografische Information der Deutschen Nationalbibliothek
Die Deutsche Nationalbibliothek verzeichnet diese Publikation in der Deutschen
Nationalbibliografie; detaillierte bibliografische Daten sind im Internet über
http://dnb.dnb.de abrufbar.

ISBN 978-3-0356-1540-1

Englisch: ISBN 978-3-0356-1542-5

© Bildrechte
Aicher, Florian S. 70, 79, 87, 88, 93, 100, 112, 135; Archiv Vrin S. 52; Caminada,
Gion A. S. 49, 56, 59, 69, 94, 107, 108, 111, 143, 153, 157, 159; Degonda, Lucia S. 66, 75,
109, 146, 149, 150; Feiner, Ralph S. 97, 125, 126, 140; Pleps, Hermann S. 103;
Steiner, Petra S. 17–47, 71, 109, 116, 117, 123, 132, 134, 144; Studio Basel S. 62;
Taschen-Verlag S. 118

© 2018 Birkhäuser Verlag GmbH, Basel
Postfach 44, 4009 Basel, Schweiz
Ein Unternehmen der Walter de Gruyter GmbH, Berlin/Boston

9 8 7 6 5 4 3 2 1   www.birkhauser.com

Inhalt

Heimat ist das, was gesprochen wird.

Herta Müller

Einleitung

Der Architekt als Vermittler von Werten am Beispiel von Gion A. Caminada

Der vorliegende Band ist ein Versuch, Gion Caminada als Architekten über seine Erfahrungen im Leben im Val Lumnezia im Kanton Graubünden und deren Einflüsse auf seine Arbeiten zu charakterisieren. Ein nicht ganz einfaches Unterfangen, denn Lebenserfahrungen und ideale Vorstellungen sollen zumindest angedeutet und ihre Wirkungen auf das Werk aufgezeigt werden.

Meine Einleitung versucht, komplementär zu sein: Das Werk von Caminada wird aus der Sicht einer Erweiterung von Theorie und Praxis in der Architektur interpretiert, und ich hoffe, so den Mehrwert seiner Bauten deutlich zu machen.

Beide Darstellungen gehen von einem noch nicht abgeschlossenen Experiment aus. In Vrin, dem hintersten Ort im Val Lumnezia, verbrachte Caminada seine Kindheit, machte dort eine Lehre als Schreiner, bevor er sich zum Architekten ausbilden ließ und schließlich Professor an der ETH in Zürich wurde. In Vrin lebt und arbeitet er heute noch. Durch die Planungsabläufe und die Bauten in Vrin und anderen Orten, an denen Bürger, Stiftungen und Autoritäten beteiligt waren, wurde Caminada in den letzten Jahren durch zahlreiche Veröffentlichungen bekannt.

Eintreten für eine andere Praxis des Architektenberufs

Das Projekt in Vrin scheint mir beispielhaft, weil seine Konzeption von Planen und Bauen durch eine enge Verzahnung von sozialem Kontext, ökonomischen Gegebenheiten, anthropologischen Konstanten und geschichtlichem Kontext gekennzeichnet ist. Dies setzt eine Erweiterung des Begriffs von Architektur und Landesplanung voraus, denn nur so wird es möglich, mit den betroffenen Bewohnern ein wirkliches Gespräch zu führen und ihre Probleme aufmerksam und sorgfältig in die Planung einzubeziehen.

Was mir bei Caminada besonders gefällt, ist seine Interpretation des Berufs Architekt als Vermittler von Werten, die er sichtbar zu machen versucht, Werte, die heute zwar bekannt sind, oft aber für das Bauen zurückgestellt werden, oder auch Werte, die in der Lehre und Ausbildung gar nicht mehr auf dem Plan stehen. Das Bauen in Partizipation, so wie Caminada es praktiziert, verlangt nach Strategien, die gekoppelt sind mit nachhaltiger Sinnbildung. Sobald Menschen erkennen können, dass es sich um ihr eigenes Interesse handelt und sie sich zu den verschiedenen Themen miteinander besprechen können, wird die Identität einer Dorfgemeinschaft gestärkt, und die zwischenmenschliche Kommunikation intensiviert sich. Das alles kann man in Vrin beobachten und lernen.

Ein anderer wichtiger Aspekt in Caminadas vorbildlicher Arbeit ist der Versuch, der Gemeinschaft im Verschwinden begriffene Riten oder althergebrachte Bräuche wieder nahezubringen. Ich denke dabei an Caminadas Totenstube in Vrin. Weil Menschen heute immer häufiger in Krankenhäusern oder Altersheimen sterben, ist die Aufbahrung zu Hause auch in den Alpentälern nicht mehr üblich. Das früher praktizierte Übergangsritual vor der Beerdigung wird in dieser Totenstube wieder ermöglicht. Dort wird der Sarg in einer vertrauten „warmen Atmosphäre" aufgebahrt. Zum Wohlgefühl in diesem Raum trägt das sowohl innen als auch außen angewandte Strickbauverfahren bei. Der Raum bekommt dadurch fast den Charakter einer Wohnstube. Am Fenster hinter dem aufgebahrten Toten kann die Lichtatmosphäre durch einen Schiebladen reguliert werden.

Das menschliche Verlangen, sich in der Architektur „geschützt" zu fühlen, nimmt Caminada sehr ernst. Für den Bau des Mädcheninternats in Disentis wählte er ein Konzept, bei dem er den inneren Kern aus Treppenhaus und einem dazugehörigen „Vorplatz" als Kommunikationsraum konzipierte. Das Treppenhaus wird auf jeder Etage spiralförmig gedreht, sodass der dazugehörige „Vorplatz" auf den einzelnen Etagen jeweils an einer anderen Hausfassade liegt. Im Treppenhauskern benützt er die Nischen unter der Treppe als intime Rückzugsplätze. So antwortet er auf das menschliche Verlangen nach geschützten Räumen, nach „Nestwärme", das für alle Menschen in den Entwurf einzubringen ist.

Außerdem setzt er die Fenster, die ein typisches Merkmal seiner Gestaltung sind, in verschiedenen Tiefen in die Wand, sodass Nischen entstehen, die von innen und außen sichtbar sind. Sie können als Sitz- oder Liegenischen benützt werden.

Auch die wahrnehmungspsychologischen Aspekte der Atmosphäre von Innen- wie Außenräumen sind ein zentrales Thema im Werk Caminadas. Mit Recht verweist er auf positive oder negative Folgen, die durch die Stimmung von Architektur und Räumen im Verhalten von Menschen entstehen können. Er versucht bewusst, durch Raumwirkungen, in die er auch Akustik und das Olfaktorische einschließt, menschliches Wohlbefinden und Verhalten positiv zu steuern. Ungewöhnlich erscheint

mir, dass ein Architekt ein so vielschichtiges, an unterschiedlichen Wissenschaftszweigen orientiertes Wissen hat und dieses lebendig werden lässt, indem er baut, berät und lehrt, und
damit beispielhaft zeigt, wie Gemeinschaften positiv beeinflusst
werden können. Damit erfüllt Caminada eine Rolle, die im
Berufsbild des Architekten nicht mehr vorgesehen ist: die eines
Architektur- und Planungstherapeuten, ja eines Mentors.

Die Bedeutung von Materialien und Ästhetik im Werk Caminadas

Wenn man genau hinschaut, dann sieht man, dass Caminadas
Einstellung eng mit seinem Lebensweg verknüpft ist. Er hat
seinen Heimatort sehr positiv erfahren und sich dort zuerst
als Schreiner, später als Architekt etabliert. Damit hat er sich
ein überaus brauchbares Instrument angeeignet, mit dem er
das Dorf wieder attraktiv für seine Bewohner machen möchte.
Ein Beispiel: Er kennt die positive Wirkung des sanften Duf-
tes bestimmter Holzarten auf die Menschen, ersichtlich in der
von ihm gebauten Waldhütte „Tegia da vaut" in Domas-Ems.
Es handelt sich um eine Begegnungsstätte für Auszubildende
in verschiedenen Waldberufen. Der Hüttenbau steht auf einer
Waldlichtung, in die Natur integriert. Durch Lichtführung und
Materialien strahlt die Hütte eine Stimmung aus, die durch
wahrnehmbare Faktoren geprägt ist.

Caminada führt uns in seinem Werk viele Varianten der Ein-
satzmöglichkeiten von Holz vor. Auf seine geliebte Strickbau-
konstruktion aus Massivholzbalken greift er immer wieder zurück und verbindet diese traditionelle Art des Bauens mit vielen
eigenen Erfindungen und Variationen bis hin zum Einsatz von
vergessenen Techniken und Materialien wie zum Beispiel dem
Korbgeflecht, das er im Treppenhaus des Aussichtsturms von

Reussdelta verwendet. Caminada gibt den Bedürfnissen nach Intimität und Geborgenheit großen Raum, wie es die Speiseräume seiner Restaurants und ebenso die Hotelzimmer beweisen. Diese sind auf Menschenmaß zugeschnitten, Orte, an denen man sich gut und wohl fühlt. Dieser Mehrwert, der durch die Mobilisierung der Sinne erzeugt wird, entsteht, weil er seine Kenntnis der psychologischen Grundbedürfnisse in Gestaltungen von hohem ästhetischen Wert umsetzt.

Es ist kein Zufall, dass in Graubünden in den letzten Jahren die Mehrzweckhalle von Vrin mit der wunderbaren Dachkonstruktion – mit Zugbändern aus verankerten Zughölzern des Ingenieurs Jürg Conzett – neben dem Valser Bad von Peter Zumthor zu den meistpublizierten Bauten der „Graubündnerschule" zählt. Die vielen Bauten von Caminada, auch einfache wie die Stallanlagen von Sut Vitg, die kleine Totenstube oder die Schreinerei Alig in Vrin, erfüllen höchste ästhetische Ansprüche an Architektur und Innenarchitektur.

Caminada vereint viele erstaunliche Qualitäten in seiner Person. Sein Werk kann unter sozialen, anthropologischen, wahrnehmungspsychologischen, konstruktiven und ästhetischen Aspekten als kulturell fortschrittlich und beispielgebend gelten.

Der Beitrag des Werks von Caminada zur Regionalismustheorie

„Entfernung macht gleichgültig … denn der Einzelne muss sich für das Ganze mitverantwortlich fühlen", ist eines der Lieblingszitate von Caminada. Für ihn bedeutet dies eine partielle, aber in keinem Fall eine totale Absage an die heute weltweit praktizierte Globalisierung. Denn auch das Regionale braucht den Blick auf das Ganze. Er selbst setzt die Errungenschaften neuer Technologien ein, indem diese der Weiterentwicklung menschlicher Fähigkeiten dienen und nicht mit zu großen Nebeneffekten belastet sind. An diesem Punkt knüpft Caminada an die Thesen des „kritischen Regionalismus" des Architekturhistorikers Kenneth Frampton und des Philosophen Paul Ricœur an. Diese veranschaulichen, wie hybride Weltkultur einzig und allein aus der gegenseitigen Befruchtung zwischen den fest verwurzelten und universellen Kulturen erwachsen kann. Für Ricœur hängt alles von den Fähigkeiten der regionalen Kulturen ab, die Traditionen in sich aufzunehmen und zugleich Einflüsse der globalen kulturellen Bewegungen zuzulassen. Caminada weiß auch, wie Tradition und Fortschritt zusammenzubringen sind, um an der Entwicklung des Zivilisationsprozesses teilzunehmen.

Dazu kommentiert Caminada: „Weder Tradition noch Modernität, gesucht ist eine Situation, um diesen Alternativen zu entrinnen: kann nur im Jetzt sein."

Das Projekt Vrin ist erst der Anfang

Ursprünglich aus einer privaten Initiative entstanden und inzwischen durch die Medien verbreitet, wurde das Vrin-Projekt bei Politikern, Soziologen, Planern und Agrarökonomen sehr aufmerksam verfolgt.

Das Projekt ist noch nicht abgeschlossen, vielmehr sieht Caminada dieses als eine seiner Lebensaufgaben. Er behauptet, dass alles immer „im Fluss" bleibt, und deswegen versteht er seine Interventionen in Vrin nicht als Projekt, denn Projekte haben einen Anfang und ein Ende. Es wird an der ETH Zürich weiterverfolgt, denn Caminada hat seit Jahren dort einen Lehrstuhl für Architektur und Entwurf, wo er junge Menschen von der Bedeutung der oben angeführten Grundlagen in Architektur und Landesplanung überzeugt und sie auch vor Ort in die Planungsprozesse einbezieht. Dazu sagt Caminada: „Das Ziel ist lernen für andere Orte."

Francois Burkhardt,
Berlin, Dezember 2017 / Januar 2018

Caminadas Wege

Ein Fotoessay
von Petra Steiner

RESTAURANT

Cons

Vorgestern Nacht war's mal wieder so weit: Der Fuchs hat – na ja – keine Gans, dafür ein paar Hühner geholt. Solche Zwischenfälle sind Teil des Lebens hier oben. Das Unglück hat den Nachbarn getroffen. So was ist seltener geworden – meint man, diese wilden Tiere gehören nicht mehr zu unserer Kultur und man erwartet sie nicht. Früher hat man selbstverständlich die Hühner vor dem Fuchs geschützt. Heute erschießt man den Fuchs und andere Tiere, schafft aus dem Weg, was unsere Bequemlichkeit stört. Diese bedingungslose Beherrschung funktioniert aber nicht. Wir müssen wieder lernen: mit dem Unerwarteten umgehen, uns um unser Haus sorgen, die Haustiere schützen.

Cons zuhinterst im Val Lumnezia, unter dem Pitz Terri (3149), vor dem Pass in die Greina.

Das Unerwartete

Das ist ja anderswo genauso. Was ist – beispielsweise – nicht alles in die Lawinenverbauung investiert worden, dann in die Sicherung der Gebäude, dann in die Zugänglichkeit – eins kommt zum andern. Oft wäre es sinnvoller, nicht jeden Flecken Land zu erschließen. Man kann Ereignisse der Natur nicht gänzlich berechnen. Unverhofft stehen sie in der Tür. Die Ungewissheit ist immer da – das wissen wir hier. Absolute

Kontrolle wird nicht gelingen. **Das gehört zur Erfahrung, die aus dem Umgang mit den Dingen herrührt. Umgekehrt ist der Umgang mit den Dingen das wirkungsvollste Mittel, auf Unvorhersehbares zu reagieren und es einigermaßen einzuschränken.** Wenn wir mit den Dingen umgehen, verstehen wir sie, schätzen sie – es werden gelebte Dinge. Dagegen stellt man sie sich ja heute vielfach als Objekte vor, über die man verfügt. Am besten ist der Fuchs tot, der Lawinenhang betoniert. Dabei wäre es für unser Leben eine Bereicherung, die Dinge als etwas Lebendiges zu betrachten. **Das war die Lebenspraxis hier oben: den Dingen ihr Eigenes belassen.** Und doch: Es wird immer weniger. Es könnte auch anders sein. Charles Ferdinand Ramuz schreibt in seinem Roman „Die große Angst in den Bergen": „Das Gebirg hat seinen eigenen Willen, denn das Gebirg hat seinen eigenen Plan."¹ Vielleicht hat der Berg einen Willen. ... In meiner Jugend war die Natur weder gut noch böse – es war so, wie es war. Heute scheint alles berechenbar zu sein. Die technische Entwicklung erweckt den Anschein, man könne alles kalkulieren. Heutigem Denken reicht es nicht, dass etwas bloß da ist; ständig will man entscheiden und bestimmen, wie es sein soll. ... Dabei wäre mit den großen technischen Errungenschaften eine andere Beziehung zwischen Kultur und Natur möglich. Damit will ich keineswegs sagen, dass wir zu einem Animismus, einer obskuren Beseelung zurückkehren sollten. Aber wie wir es heute machen, wenn wir die Welt immer und nur als Ressource, Ware, Konsumartikel verrechnen, das ist dumm und arrogant. Da erinnere ich mich an andere Verhältnisse. Für den Bauern gab es nur Direktheit und Unmittelbarkeit in Bezug zur Natur. Auch wenn wir dorthin nicht zurückkönnen, brauchen

---

1 Ramuz, Charles Ferdinand: Die große Angst in den Bergen, Stuttgart 1927, S. 172.

wir etwas von dieser Art Wechselwirkung zwischen Natur und Mensch. Ich versuche, die Trennung von Kultur und Natur bei meinen Projekten zu überwinden – mich diesen Alternativen zu entziehen.

In Bewegung

Du bist hier aufgewachsen, mit Mensch und Tier und Haus und Berg und Wetter. Das bäuerliche Leben hat dich mit all dem in Berührung gebracht ... und unserem Leben einen bestimmten Rhythmus gegeben. Typisch für unsere Bewirtschaftungsform war die Stufenlandwirtschaft, die jedem seinen Raum gab. Alles hatte seine Zeit, seinen besonderen Ort, wurde von den Dingen gesteuert. Es war eine schmale Existenzform, prägend und unmissverständlich! Es war so! Nicht anders! **Stufenlandwirtschaft – wie hat man sich die vorzustellen?** Es gibt wechselnde Stufen der Bewirtschaftung auf unterschiedlichen Höhen, auf die man mit dem Vieh geht, abhängig vom Klima, der Bodenbeschaffenheit und dem Wachstum. Im Talboden: das Haus und der Stall – bei uns ist diese Stufe bereits weit über dem tiefsten Grund des Tals. Dann die mittlere Stufe, die im Unterschied zum Talboden nur noch einen Heuschnitt abwarf. Da weideten die Kühe, wurden gehütet, kamen nachts in den Stall; man kehrte abends hinab ins Dorf und ging am andern Morgen wieder hinauf. Im Sommer trieben die Bauern das Vieh ganz nach oben, da gab es Gemeinschaftshüter und Sennen. Auf dieser oberen Stufe wurde auch Wildheu gemacht – nur jedes zweite Jahr ein Schnitt. **Die Landschaft um Vrin, immerhin auf 1450 Meter über Meereshöhe gelegen, ist auf dieser Talseite außergewöhnlich sonnig und licht; wie prägend war diese Wirtschaftsweise?** Man hat jeden Fleck brauchbaren Boden genutzt und die Weiden und Wiesen haben über Jahrhunderte den Wald zurückgedrängt. **Wie hat man sich in diesem weiten Raum bewegt?** Das Vieh war maßgebend. Es wurde auf Weiden getrieben, der Mensch folgte.

Morgens ging es zum Vieh auf Weide und Wiese und nachts zurück ins Dorf. **Ungeheure Wege!** Und alles zu Fuß. Für mich als Bub war es die Frühlings- und Herbstzeit, in der ich die Tiere auf dem Maiensäss hüten musste, bevor sie im Sommer auf die höher gelegenen Weiden getrieben wurden. Ziemliche Wege, jeden Tag,

Noch vor zwei Generationen: Ein Fleckenteppich kleiner Felder prägt die Landschaft um Cons.

oft mehr als eine Stunde, schmale Pfade. Meine Mutter packte den Rucksack. Damals kamen die Landjäger auf – eine neue Wurst, sozusagen industriell hergestellt –, es gab jeden Tag einen halben. Für mehr langte das Geld nicht. Viel Geld hatte hier keiner. Auf halbem Weg hatte ich schon die Hälfte des halben Landjägers gegessen. Wenn ich ankam, hatte mein Vater die Kühe schon gemolken, ich ließ sie dann aus dem Stall. Es ging von Sonnenaufgang bis Sonnenuntergang. Am Ende des Tages war man froh, wenn's wieder in den Stall ging und man heim konnte – wie lange hat manchmal die Zeit gedauert, wenn nicht andere Buben in der Nähe waren zum Spielen! Viehhüten war Bubenarbeit. Auf den Weiden war einiges los; jede Bauernfamilie hütete ihre eigenen Tiere – man wollte ihnen nur das Beste. Höher, auf die Sommeralp, kam ich selten, weil ich als einziger Sohn daheim helfen musste, heuen und andere Dinge verrichten. Unten und auf der mittleren Bewirtschaftungsstufe wurde das Heu in Ställen gelagert; früher ging man mit dem Vieh zum Stall, heute kommt das Heu zum Vieh. **Eine bewegte Lebensweise. Auch weil die**

Flächen weit gestreut lagen, ein Flickenteppich kleiner Flächen.
Ja, es gab Wiesen hier und dort, droben, drunten. Über jede
wusste man Bescheid, sie hatten eine je andere Bedeutung,
andere Eigenschaften – dort wuchs es anders als da, da trock-
nete das Heu anders als dort. Dieses Wissen war existenziell
wichtig. Jede Wiese hatte einen Namen, der auf die konkreten
Eigenschaften hindeutete.

Wechsel
**Dass Wetter und Jahreszeiten große Wirkung hatten, versteht
sich. Das Vieh war die meiste Zeit draußen. Aber was hat man
denn im Winter gemacht?** Der Schnee war eine große Belas-
tung. Die Bauern waren bis Weihnachten noch beim Vieh in
den oberen Lagen. Stallarbeit war morgens von fünf bis acht,
dann ging man ins Dorf, hat Dinge gerichtet, ab zwei ging's
dann wieder hinauf, nochmals in den Stall bis sechs. Geschla-
fen hat man dann im Stall. Von Januar bis Mai blieb man im
Dorf, das Vieh war herunten, ab Mai begann der Aufstieg,
zuerst Maiensäss, dann Alp. Doch auch in der Winterzeit ging's
gelegentlich hinauf, man hat dann das Wildheu geholt von
weit oben, zu Heupackungen gebunden und hat es auf dem
gefrorenen Schnee hinuntergeführt. Ansonsten ist man zu
Hause geblieben, hat da gewerkelt. Wenn dann aber die Tage
länger wurden, wurde es höchste Zeit für den Wechsel nach
draußen. **Wie ging man ganz allgemein mit dem Wetter
um?** Man schaute nach dem Wetter, versuchte es zu deuten,
richtete die Arbeit danach. Das hat ziemlich gut geklappt. Das
Wetter wurde scheinbar hier gemacht, obwohl man natürlich
auch früher das Wetter nicht machen konnte. Manche wussten:
Wenn die Wolke da oben so und so hängt, passiert dies und
das – beobachten und spüren. Man hat all diesen Dingen

mehr Aufmerksamkeit schenken müssen. Eine Vorhersage mit Sinnen und Emotionen. Weil Wetter stark am Ort entsteht. Wir sahen nicht die ästhetisch-kunstvollen Zeichen am Horizont wie die Besucher aus der Stadt. Wenn schon, dann bedeuteten diese Zeichen etwas Vorteilhaftes oder Bedrängendes für das karge Existieren. Diese Zeit im Tal: Das waren Welt, Zeit und Raum in einem.

Die Dinge

Wolken, Tiere, Pflanzen, Gelände – Dinge, die den ganzen Tag präsent sind; mit allem ist man beschäftigt. Dazu Haus, Stall, Gerät. Es sind solche Dinge, so sagt Martin Heidegger[2], die Orte begründen, die Raum, Mensch und Zeit versammeln. Es sind Stellen, an denen sich etwas ereignet. Für sich genommen ist eine Stelle noch nichts. Zum Ort wird sie als eine Ansammlung von Bauten, Menschen, ebenso prägend Emotionen, Stimmungen, Ereignisse, Zufälle ... Die Orte, die Landschaft: Immer noch ist das Bauernland, von den Bauern gemacht. Aber Bauern sehe ich heute nur noch selten, die Lebendigkeit ist durch die Mechanisierung verloren gegangen. **Erlebt hast du sie noch, diese Kontinuität von Raum und Zeit, ganz direkt.** Wobei es eine spannungsvolle Kontinuität war – die Zeit etwa hatte Rhythmen. Besondere Höhepunkte waren der 20. Mai und der 20. September, wenn das Vieh aus dem Stall ging oder von den Alpen zurückkehrte. Nach dem Winter war dieser Maientag etwas ganz Besonderes. Die Kühe bekamen ihre Glocken und mit einem Mal war das ganze Tal ein Klingen. **Diese Kontinuität von Raum, von Zeit war**

---

2   Heidegger, Martin: Bauen Wohnen Denken, in: Vorträge und Aufsätze, Neske, Pfullingen 1954, S. 154

ganz konkret, überhaupt nicht abstrakt. Diese Ganzheit war das Leben hier, ihr trauere ich schon ein wenig nach. Es war nicht wie heute radikal dividiert in Mensch, Natur, Tier, Stein. ... Der Tag aus Raum und Zeit war eins. Was dann im Laufe der Jahre auseinanderdividiert wurde, versuche ich in meiner Arbeit unter heutigen Bedingungen im Werk wieder zusammenzubringen. **Die Tagesabläufe, die anstehenden Arbeiten waren maßgebend.** Das zeitlich Naheliegende war ausschlaggebend – es war nie nur Gegenwart, aber weite Vergangenheit oder ferne Zukunft gab's eigentlich nicht, nur die Hoffnung, dass es mal besser, leichter werde. Man hoffte auf bessere Zeiten.

Ort und Geist

In dieses Zusammenspiel war auch das Soziale ganz selbstverständlich verwebt. Die Abhängigkeiten waren so stark, dass es keine andere Wahl gab – eine Verpflichtung, eine Art Pakt. Aufeinander vertrauend und aufeinander angewiesen, beides. Man begegnete damals ständig jemandem. Heute sind die Wiesen hier nur noch zu bestimmten Zeiten bevölkert. Das Lebhafte damals war aber nichts Romantisches oder Idyllisches, denn wenn man Teil des Ereignisses ist, ist nichts romantisch; man ist im Spiel und steht nicht draußen. **So ein Ineinanderspielen von Raum, Zeit und Sozialem war direkt erlebbar. Analog ist heute das Konzept der Wissenschaft, die sich mit unserem Denken befasst. Der Neurologe Ernst Pöppel sagt es so: „Aufgrund der hochgradigen Vernetzung des Gehirns gibt es keinen Wahrnehmungsakt, der unabhängig wäre von einer emotionalen Bewertung oder frei von einem Bezug zu unseren Erinnerungen. Jedes Sehen, jedes Bild ist eingetaucht in unsere Gefühlswelt, unsere Vergangenheit, unsere Erinnerungen und auch in**

die Zukunft unserer Absichten.[3]   Was da heute so gedacht wird: Ich durfte es spüren und erfahren – meine heutige Arbeit profitiert davon.   **Ort und Ereignis von wenigen Sekunden verschmelzen zu Bildeinheiten; diese bilden die Grundbausteine des episodischen Gedächtnisses. Das ist nach Pöppel der Kern der persönlichen Identität.**   Das wäre die Welt der Sinne und des Intellekts. Ich frage mich: Ist darin auch die abwesende Welt enthalten, die Entwürfe und Projekte, die für uns Architekten ja wichtig sind, all das, was es noch gar nicht gibt? Was außerhalb der Erinnerung, was neu ist – ist das vielleicht gar nicht so neu? Ob das Neue nicht eine Neu-Verschaltung, Umstellung dieser Episoden ist?

Massive Parallelität

Die Neurologie hat heute ein bemerkenswertes Bild von der geistigen Aktivität des Menschen. Ernst Pöppel hält sie für etwas Einzigartiges. Im Unterschied zum Rechner entfaltet sie

sich nicht Schritt auf Schritt, nicht in linearen Sequenzen, sondern als explosives Ausbreiten und intensives Sammeln von Reizen – ein Reiz und Tausende Reaktionen. Dafür gebraucht er den Begriff „massive Parallelität".[4]   Ich sehe ein Massiv,

Findling auf dem Feld.

wie ein Granitblock, der gar keine eindeutigen Linien aufweist, ein Körper, der wahrnimmt,

---

3   Pöppel, Ernst: Der Rahmen, dtv, München 2010, S. 152. Ernst Pöppel, *1940, em. Prof. für medizinische Psychologie an der LMU München, ist einer der führenden Hirnforscher Deutschlands. Mitglied der Nationalen und Europäischen Akademie der Wissenschaften und Künste.

4   Pöppel, Ernst: Der Rahmen, dtv, München 2010, S. 112.

Erfahrung gemacht hat, der Ressourcen einschließt, Impulse bereithält. Nicht tot, sondern potenziell belebt, resonanzfähig. **Resonanz: Mitschwingen eines Körpers als Antwort auf einen Körper in Schwingung in einem schwingungsfähigen System. Oder wie Goethe es formulierte: „Beziehung, Leben ist Bezug", was logisch einschließt: „Kein Lebendiges ist eins, immer ist es ein Vieles."[5] Ist das die Erfahrung Vrin? Oder ist das deine Erfahrung?** Man kann es so sagen. Dieses Eins ist dir keineswegs nur heiter zugeflogen, sondern es hat sich aufgedrängt. Es sind Abhängigkeiten, die da sind, sich auch Geltung verschaffen – und dadurch entstehen Beziehungen. Und darauf reagierst du und bringst die Dinge ihrerseits in Bewegung. Ist der Berg da etwas anderes als die Stadt? Sicherlich bin ich hier eher gezwungen in dieser scheinbar kleinen Welt, ihr etwas abzuringen. Es ist ein großes Unterfangen, diese kleine Welt einigermaßen zu verstehen und darin zu bestehen. Von meiner Konzentration wird viel mehr verlangt, mir selbst muss mehr einfallen, damit etwas entstehen kann. Hier muss ich mich einlassen, weil mir das Entkommen verwehrt ist, die Zerstreuung, das Ausweichen! Das erzwungene Konzentrat bringt weiter! Ich bleibe hier konfrontiert, manchmal so weit, dass es ein Leiden wird. ... Aber wir wissen ja: Wir können leiden an einem Entwurf „wie die Sau", in gewissen Momenten geht's nur über das Leiden voran, Leidenschaft entsteht und dann die Erlösung, eine Idee. Aber hält die dann? Ich könnte sie ja stehen lassen

---

5   Goethe, Johann Wolfgang von: Zwei poetische Merksprüche, in: Geulen, Eva, Aus dem Leben der Form, August Verlag, Berlin 2016, S. 58. (Epirrhema: Müsset im Naturbetrachten Immer eins wie alles achten. Nichts ist drinnen, nichts ist draußen; Denn was innen, das ist außen. So ergreift ohne Säumnis Heilig öffentlich Geheimnis! Freuet euch des wahren Scheins, Euch des ernsten Spieles! Kein Lebend'ges ist ein Eins, Immer ist's ein Vieles.)

und weitergehen – nein, das klappt nicht. Nur wenn ich insistiere, erringe ich Gewissheit. Und stimmt die dann? Beckett[6] wusste es schon: „Immer versucht. Immer gescheitert. Einerlei. Wieder versuchen. Wieder scheitern." Sein Schluss: „Besser scheitern." Das muss nicht gleich zur Lehre werden. **Doch vielleicht beschreibt das, wie Dichte entsteht. Die Welt hier droben hat dir das zugemutet – und hat dir eine Vielfalt und Fülle beschert, die wenig Zerstreuung bereithält.** All die unzähligen Wege tagtäglich, das geschah nicht aus freien Stücken. Wandern, Spazierengehen, das kannte der Bauer nicht, der kam nicht auf die Idee, da hinaufzugehen, wenn er nicht musste. Er hatte auch nicht die Zeit. Trotzdem, wir mussten die Wege wirklich zurücklegen, nicht nur in der Vorstellung. Was haben wir damals über die Touristen gestaunt, als die zu uns kamen. Der Bauer muss, der Tourist will – zu seinem Ziel, das er sich setzt. Weil dem Bauern die Trennung zwischen Absicht und Tun nicht gegeben ist, kennt er das Idyllische und Romantische nicht. Sein Bezug zur Welt um ihn ist direkt. Das ist anders – nicht unbedingt besser.

Wege
Ein Bild von den Bergen haben die Bauern hier droben nicht gehabt, sie haben sich in ihnen bewegt. Wege, immer und überall. Der Weg holt das Ferne in die Nähe, räumlich wie zeitlich, Vergangenes wie Zukünftiges. Der Weg wiederholt, ist Wiederkehr und doch ist er nie der gleiche. Das ist immer gegenwärtig hier. Weg strengt an, verlangt dem Körper was ab, steht mir nicht gegenüber. Das schafft Wirklichkeit. Man macht sich auf den Weg, nimmt diesen oder jenen, doch das

---

6 Beckett, Samuel: Worstward HO, All of old …, Grave Press 1983, N. Y.

ist nie ganz kalkulierbar. Irgendetwas geschieht, etwas kommt dazu und schon ist es was anderes. Das ist ja auch was Schönes. Wie kann ich das heute nutzen? Ich bin schon dankbar, dass ich diese Erfahrung machen durfte, diese Art räumliche Nähe und zeitliche Dehnung spüren konnte. Eduardo Chillida sagt, um den Charakter der Dinge geht es, nicht um ihr Bild. **Das war Präsenz. Und dann kommt der Begriff. Die Bezeichnung fixiert das Geschehen, stellt fest, was bewegt, präsent war. Das Wort schiebt sich vor das Unmittelbare, droht es zu verdecken. Erstarrung, Behauptung, Prinzip und Dogma deuten sich an. Bruno Latour sagt: „Vom Weg wurde das Wort zum Hindernis."[7]** Ich entferne mich von den Dingen, behaupte etwas über sie und sage: Das ist die Wahrheit. Aus der Nähe ist es ganz anders. Da sind die Dinge zu mehrdeutig, um etwas Absolutes zu behaupten. **Und wenn ich in Bewegung bin, hat das Ding viele Seiten.** Und das Bewegen selbst wird anders – ich selbst, Raum, Zeit sind bewegt. Ich kann tausendmal den Weg gehen und jedesmal ist es anders. So waren meine Wege, die Wege des Bauernbuben: immer gleich, immer anders. Das war eine eigene Welt. **Gegenwärtigkeit zählt für Bruno Latour: „Es geht darum, ausgehend von der gegenwärtigen**

Frisch gespurt, doch nie spurlos.

Erfahrung, neu zu verstehen, was die Überlieferung uns wohl sagen konnte – sie verleiht uns Worte, aber sie sind anders auszusprechen. Nicht die Erneuerung desselben, sondern sein

---

7   Latour, Bruno: Jubilieren, Suhrkamp Taschenbuch, Berlin 2011, S. 110. Bruno Latour, *1947, Soziologe und Philosoph, lehrt in Paris und weiß, „dass *matter of facts* ein ärmlicher Ersatz für Erfahrung" ist. B. L.: Elend der Kritik, Zürich/Berlin 2007, S. 52.

Vergegenwärtigen tut not."[8] Das Überlieferte versteht sich aus der Gegenwart und diese durch die alten Worte der Überlieferung, gewendet jetzt und hier. „Episoden der Nähe bilden eine Geschichte, die von diesem heutigen ‚ersten Mal' aus alle anderen Male erfasst und von der Gegenwart zur Vergangenheit aufsteigt, die Vergangenheit bereichert wie die Zukunft."[9] Zeit ist nicht eine Abfolge von Vergangenheit, Gegenwart, Zukunft, sondern sie geht von jetzt aus. Vor einigen Tagen hatte ich ein prägendes Erlebnis. Ich durfte an einer Führung durch das Straßburger Münster teilnehmen und ich habe mich gefragt: Wieso ist uns so etwas heute nicht mehr gegeben? Viele Antworten sind möglich, doch mir fiel ein: Wir leben zu wenig intensiv im Hier und Jetzt. Entweder romantisieren wir mit der Vergangenheit oder wir sind von Visionen der Zukunft gebannt. Die Zuversicht und das Vertrauen in die Gegenwart sind verloren gegangen. Welche Gegenwart? Ist die nur noch eine flimmernde Scheibe, herausgeschnitten aus dem Leben, isoliert vom leibhaftigen Lauf der Zeit? Dann macht uns Gegenwart hilflos. Wie anders waren die Wege der Bauern – wir wussten: Was da ist, geschieht. **Intensives hier und jetzt – da erstarrt Vergangenheit nicht, fließt Gegenwart nicht vorüber, wird Zukunft nicht große Verheißung. Solchem Pathos hält Latour entgegen: „Die Tradition wird tatsächlich wiederaufgegriffen, aber so gewendet, dass sie von neuem Gegenwart erzeugt."[10]** Wenn ich Tradition als das definiere, was sich bewährt hat, gehe ich aus von dem, womit ich heute umgehe. Bewährtes ist so gegenwärtig wie vergangen. Das gibt uns

8   Latour, Bruno: Jubilieren, Suhrkamp Taschenbuch, Berlin 2011, S. 105.
9   Latour, Bruno: Jubilieren, Suhrkamp Taschenbuch, Berlin 2011, S. 77.
10 Latour, Bruno: Jubilieren, Suhrkamp Taschenbuch, Berlin 2011, S. 111.

Vertrauen in die Gegenwart. Und: Ohne Vertrauen kann sich nichts bewähren. Im Vertrauen kann man wach sein, genau hinschauen, offenbleiben. Das wird besonders wichtig bei den enormen Kräften, die heute bei uns von außen wirken – da reicht diese Selbstverständlichkeit nicht mehr. Ich bin gezwungen, genau zu reflektieren. Wir sind vom Weg abgekommen, das alte Selbstvertrauen ist angenagt, ‚weiter so' geht nicht. Ich muss mit den Kräften von außen, ob zerstörerisch oder aufbauend, rechnen. Aufmerksamkeit und Selbstbesinnung sind gefragt. Wir müssen Entscheidungen treffen – das gehört zum Wesen jeder Kultur.

Differenz

Vorstellen alleine reicht nicht, man muss es tun. Man musste sich auf den Weg machen. So war das. Doch viel hat sich geändert, es kamen Geräte, Hilfsmittel, die das Leben erleichtert haben. Wir sind froh darum. Merkwürdig war, wie lang es gedauert hat, bis man sich von der alten Direktheit lösen konnte; wenn's mit dem Mähbalken steil bergauf ging, hat man tüchtig geschoben – wollte der Maschine helfen. Später kamen starke, ausgefeilte Maschinen, man lernte, mit Reglern umzugehen. Ob's aber die Landwirtschaft, vom Bildschirm betrieben, hier oben je geben wird? ... Wie direkt waren die frühen Erfahrungen verglichen mit den Verschaltungen unserer heutigen Welt! Im Spüren dieser beiden Welten erfahre ich Differenz. Das kann ich zu Lebensqualität umformen. Die neue Welt war enorm wichtig, sonst wäre ich dageblieben und stehen geblieben. Der alten dagegen verdanke ich die Waffen zum Reagieren. Heute erleben die Leute hier auch die äußere Welt, die Welt kommt ja nach Vrin. Das Problem beginnt, wenn man die Differenz nicht gewichten kann, gar wenn man meint, gelten dürfe nur noch

eins. Durch den Verlust des anderen würden wir „veröden".[11]
Eine Landschaft und eine Kultur, wie wir sie hier oben haben,
reagieren sehr sensibel auf neuartige Einflüsse. Wir müssen das
zu einer vertieften, eigenständigen Kultur entwickeln. Ob das
gelingt?

Gleichzeitig

**Wäre das die Herausforderung: mit diesen beiden Weltanschau-
ungen zu leben?** Ja – ein Ganzes daraus machen, wenigstens
verträglich parallel miteinander zu leben. Keine kann dann den
Anspruch erheben, allein richtig zu sein.   **Das Ländliche, das
Bäuerliche verstehen als wertvollen Beitrag zum urbanen Markt
der Ideen und Dienstleistungen?**   Die große Studie von ETH
Studio Basel zur Schweiz[12] hat vor zehn Jahren pointiert zwei
Alternativen präsentiert: hier die Stadt, in der das Geld regiert,
und dort die Bergwelt, die sich nicht
rentiert. Das ist mehr als fragwürdig.
Die Stadt müsste ihre Abhängigkeit
vom Land erkennen und umgekehrt
die Bergwelt sich nicht nur als Er-
holungsraum andienen. Ramuz hat
gesagt: „Der Berg ist schön, meint's
aber nicht gut mit uns."[13] So extrem
ist die berechnende ökonomische

„Alpine Brache – Zone des Nieder-
gangs und der Auszehrung". In:
„Die Schweiz: Ein städtebauliches
Portrait", 2006.

Sicht, die sich über alles stellt. Die große Qualität der Schweiz:
all die Unterschiede auf engstem Raum. Darum verlange ich:
Die Entwicklung des Landes und der Berge muss mit der der

---

11   Heidegger, Martin: Gelassenheit, Neske, Pfullingen 1959, 3. Aufl., S. 22–23.
12   ETH Studio Basel: Die Schweiz. Ein städtebauliches Portrait, 3 Bände, Basel 2006.
13   Ramuz, Charles Ferdinand: Die große Angst in den Bergen, Stuttgart 1927.

Stadt einhergehen. Wir sind uns im Klaren, dass Bergwelt nicht mehr Bauernwelt ist. Das zwingt uns, die Rolle des Berggebietes – auch innerhalb der Schweiz – neu zu bedenken. Nach heute herrschender ökonomischer Denkart hat das Berggebiet kaum eine Existenzberechtigung, aber diesem Raum kommen wir auch nicht bei nur mit Rationalität und berechnendem Denken. Wir brauchen hier nicht nur Versöhnung der natürlichen Elemente mit modernen Lebens- und Wirtschaftsformen, sondern auch die Stärkung von Differenzen. Differenzbildung entsteht aber nicht durch subjektives Wollen, sondern durch die Nähe zu den Dingen und Vermittlung von äußeren und inneren Realitäten. Der Berg braucht die Stadt und die Stadt braucht den Berg, seine Ressourcen und Potenziale. **Ressource nur auf Verwertung zu reduzieren, greift arg kurz; Potenzial ist ja immer auch das, was noch nicht da ist.** Es ist nicht einfach da, es muss gesehen und gemacht werden, durch Zuwendung, durch Wertschätzung. Es hilft ja nichts, wenn der Städter auf den Berg kommt mit dem ganzen Rucksack seiner Bilder und Daten und Algorithmen. Wenn ich mal aus meinem Berufstrott herausfinde und weit nach hinten ins Tal gehe, dann wird's leer, auch menschenleer. Und plötzlich ist sie da: die Kraft. Etwas ganz anderes als im Büro, wo ich meine: Alles dreht sich um mich, ich hab alles im Griff. Da draußen ist das vorbei; ich spüre meine Winzigkeit, ich könnte auch sagen, ich werde unwichtig, was ja umgekehrt heißt: Wie wichtig, wie großartig ist all das um mich herum. Plötzlich: Welterfahrung. Erhaben. Schön. Das ist ein ungeheures Potenzial. Und viel mehr als all diese Erlebniswelten – nämlich ein Erfahrungsraum. Du gehst da rauf, zu Fuß, spürst die Beine, spürst dich, den Berg, das Ganze, nicht für einen kurzen Augenblick, sondern lang – das ist eine Intensivstation! **Ein gewiss nicht rechenbares**

Potenzial: Zehn Jahre ist Studio Basel nun her, seit ca. 2000 lehrst du an der ETH Zürich. In diesem Zeitraum hat sich allerhand verändert. Gibt es noch die Euphorie für den urbanen Lifestyle wie vor zehn Jahren? Die hat Risse bekommen. Wissen wir, wie sich die Stadt verändert? Wissen wir, wie sich die Berge verändern? Wir leben hier und jetzt, wir müssen auf der Suche bleiben, uns nicht mit schlichten Theorien abspeisen lassen. Wir werden nicht alles lösen, müssen wir auch nicht, aber dranbleiben müssen wir. Das ist eine Haltung, die ich hier gelernt habe. Zeitgenosse sein, wie Nietzsche fordert, nicht zeitgemäß! Zeitgenosse – da bin ich Teil des Ortes, bin beteiligt, stehe nicht am Rand. Dagegen das Zeitgemäße, das Design, das Gestylte – wenn ich als Architekt zeitgemäß bin, bin ich schon zu spät. Das Zeitgemäße ist ein Fluch. Nur das Unzeitgemäße kann zeitgemäß sein, hat Nietzsche gefolgert.[14]

global

Die Studie des Studio Basel folgt großenteils der nicht gerade umwerfenden These, der globale gesellschaftliche Trend laute: Metropole, urbaner Lifestyle. Die Antithese, die Provinz, gehöre auf den Müllhaufen der Geschichte. Das kann man freilich auch anders sehen. Bruno Latour hat jedenfalls vor Kurzem festgestellt: „Es ist kaum zu glauben, aber Europa ist es gelungen, sich seine ländlichen Gebiete, seine Landschaften zu bewahren."[15] Er wertet dies als gewichtiges Pfund eines zukünftigen Europa, das freilich durch seine eigenen Abstraktionen bedroht ist. „Das bedeutendste Verbrechen Europas ist, dass es dem Glauben

---

14 Nietzsche, Friedrich: Unzeitgemäße Betrachtungen, hrsg. von Giorgio Colli und Mazzino Montinari, Bd. 1. München 1999, S. 247.
15 Latour, Bruno: FAZ 7.10.2017, Nr. 233, S. L7.

verfiel, es könne sich in den Orten, Territorien, Ländern und Kulturen breitmachen ... mit der Vergangenheit brechen."[16] Und hält dem entgegen: „Genau das brauchen wir: ein lokales, ja ein provinzielles Experiment, um herauszufinden, was es heißt, eine Erde nach der Modernisierung zu bewohnen."[17] Dafür sei Europa prädestiniert, Europa könne die Globalisierung „deglobalisieren". Anthropologisch betrachtet wird das Globale überschätzt. Alle Bedeutungen entfalten sich im Lokalen – jede Liebesbeziehung findet im Raum der Nähe statt. Was mir wichtig ist, entsteht in einem Gespräch. Natürlich: Menschen reisen, konsumieren Musik aus allen Welten, machen sich an die entferntesten Götter ran – was kommt da durcheinander! Umso mehr scheint mir: Die entscheidenden Dinge passieren im Lokalen, da finden wir den Halt, den wir brauchen. **Was selbst eine universelle These ist, die aber genau das besagt: Das Lokale ist im Kern Differenz. Das wäre Latours Europa: eines der Differenz, der Unterschiede. Die gelte es zu stärken für eine Welt der Vielfalt und Fülle.** Meine Beschäftigung mit der Differenz besagt: Damit ich überhaupt fähig bin zu handeln, muss die Situation überschaubar sein. Ich muss an Grenzen stoßen. Wie soll ich Verantwortung übernehmen für die ganze Welt? Wie soll ich einen Standpunkt im Grenzenlosen finden? Mein Fokus ist auf das Spezifische gerichtet. Dann kann ich wissen, woher der Wind weht, kann Einflüsse wahrnehmen. Und kann umgekehrt sogar wissen, was ich anderswo auslöse, wenn ich hier Unfug treibe. Das wussten wir früher weniger. **Der eigene Standpunkt, der nicht zuletzt die eigene Identität ausmacht, entsteht an Grenzen – und umgekehrt: ohne Identität**

16 Latour, Bruno: FAZ 7.10.2017, Nr. 233, S. L7.
17 Latour, Bruno: FAZ 7.10.2017, Nr. 233, S. L7.

keine Grenzen. „Die Grenze ist nicht das", so Heidegger in seiner Rede zum Bauen, „wobei etwas aufhört, sondern die Grenze ist jenes, von woher etwas sein Wesen beginnt."[18]   Man staunt,

Totenstube „Stiva da morts", 2003.
Ein Raum aus Holz, Stein, Putz.

was Latour anspricht. Von Nationen, vom Vaterland, vom Boden, der zum Vaterland werden soll, ist die Rede. Dazu passt die „neue Bodenständigkeit" Heideggers, die aus Gelassenheit zu den Dingen und Offenheit wächst. Identität und Differenz – beides zählt, wenn es nicht überspannt wird, wenn wir die Dinge und jeden Menschen auf sich beruhen lassen. ... Bei der Totenstube waren solche Beobachtungen entscheidend: Da ging es nicht um den Einzelnen, sondern: alle einbeziehen, jeder eine Person, nicht Persönlichkeit. Teil des Prozesses, der Trauer, des Abschieds, des letzten Weges werden. Das ist dort ziemlich gut gelungen. Die Totenstube lebt.

lokal

Geht das überall?   Alexander Kluge spricht einmal von der Welt als Dorf, gekennzeichnet durch die „Vorherrschaft der Intimität".[19] Das war; aber ist es vergangen? Er fährt fort: „Das Prinzip Dorf oder Intimität hat sich aus einer allmächtigen Gegenwart in die Bestandteile Vergangenheit und Zukunfts-

---

18 Heidegger, Martin: Bauen Wohnen Denken, in: Vorträge und Aufsätze, Neske, Pfullingen 1954, S. 155. Vortrag Heideggers 1951 beim Symposium „Darmstädter Gespräche" unter Leitung Otto Bartnings mit Beteiligung herausragender Architekten des Nachkriegsdeutschlands.

19 Kluge, Alexander: Der Angriff der Gegenwart auf die übrige Zeit, Syndikat/EVA, Frankfurt am Main 1985, S. 28. Alexander Kluge, *1932, Jurist, Studium bei Th. W. Adornos, Schriftsteller und einflussreicher Vertreter des Neuen Deutschen Films.

hoffnung aufgelöst." Wo ist dann sein Platz? Es bleibt. „Das Prinzip des Dorfes tragen wir Menschen inzwischen in uns", sagt Kluge. **Jedenfalls hast du die Präferenz der Stadt als Anmaßung empfunden.** Und ich trete dem entgegen. Wer über die Schweiz urteilt, muss die Ränder, die Peripherie gelten lassen, einbeziehen, mitentwickeln. **Ein Bild des Zerfalls: hier die geschäftige Metropole, dort die Berge, Füchse und Bären – ein Klischee. Ein Kontrast, bei dem Differenz Distanz geworden ist. Dabei käme es auf Wechselwirkungen an.** Die Schwierigkeit ist: Wie lässt sich eine solche Beziehung aufbauen? Das wurde ein wichtiges Thema beim Adula Nationalpark. Die Städter wollten Oase, Naturschutz; die Bergler hatten Angst vor Einschränkung. Bei diesem Projekt gab es lauter Missverständnisse. Stattdessen müssen neue Balancen entstehen. Wie bringen wir die unterschiedlichen Perspektiven so zusammen, dass eine neue Option von Kulturlandschaft entsteht? Eine solche, die die Differenzen in Gemeinsames führt. Die Hauptfrage darf nicht sein: Was ist möglich?, sondern: Was wollen wir? Was nicht geht: dass die Städter kommen und für jeden Stall Unsummen von Franken bezahlen, was unter Bauern ein paar Rappen wert war – da geraten Landschaft und Soziales aus dem Gleichgewicht. Mein Schluss: ein neues Gleichgewicht, die Spannung in der Kulturlandschaft halten – die ist gewiss dahin, wenn jeder Stall ein Zweitwohnsitz für Städter wird. Und dann ist auch die Sehnsuchtswelt verloren, nach der sich der Tourist so sehr sehnt. **Es wird also neue Differenzen geben, aber dazwischen muss ein Faden gesponnen bleiben – der steht unter Spannung, darf aber nicht reißen.** Eigenheiten, die in Beziehung zueinander stehen, bilden solche Spannungen, neu wie alt. Das kann positiv werden, kann Differenzen aktivieren.

Almens

Orte, so hat es Martin Heidegger formuliert, entstehen von Dingen her, vom „Wesen der Dinge, die Orte sind und die wir Bauten nennen."[20] Das Wesen von Bauten ist das Wohnen, was mehr als Behausung ist. Dieses Thema stellt sich besonders, wenn am Rand funktionierender Ortschaften neu gebaut wird. Wie gelingt es, einen Ort, einen Wohnort zu schaffen, der zufriedenstellendes Wohnen eröffnet? Am Ortstrand von Almens planst du einen solchen Ort – etwa 25 Wohneinheiten, bevorzugt Gemeinschaften, Familien mit Kindern, ins Werk gesetzt durch eine Wohngruppe, mit der du seit einem Jahr zusammenarbeitest. Worauf kam's an? Der Wunsch der Bauherrn war zunächst eine Alternative zum Einfamilienhaus. Da die meisten Menschen bei uns das Einfamilienhaus begehren, verstanden wir unsere Aufgabe so: die Essenz eines solchen Wohnens suchen, seine Qualitäten erkennen und seine Mängel meiden. Die Konsequenz: das Einfamilienhaus in dichter Bebauung – dicht und frei gleichermaßen.

Das neue Dorf

Dies soll so geschehen, dass die Häuser, drei- und viergeschossige Wohnbauten, zu zwei Gruppen von je drei zusammengeschoben werden; gleichzeitig voneinander abgesetzt durch eine Raumzone, die ihr zweckfreien Raum nennt. Unter Dach gebracht und geborgen, aber doch noch Außenraum. Dieser zweckfreie Raum, der den eigentlichen Wohnkern fast ganz umgibt, eröffnet eine Art „große Freiheit". Einerseits ganz

---

20 Heidegger, Martin: Bauen Wohnen Denken, in: Vorträge und Aufsätze, Neske, Pfullingen 1954, S. 158.

normal, andererseits räumlich neu. Ein Raum, der geometrisch und funktionell nicht vollständig definiert ist, der alles Mögliche erfassen soll. Das Ganze verschiebt sich zu einem Heterotyp, zur Kehrseite des funktional Festgelegten, Eindeutigen. Besonderes kann sich ereignen, weil es ganz gewöhnlich ist. **Wie das Einfamilienhaus?** Ja, wie das Lebensgefühl des Einfamilienhauses auf

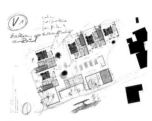

Almens: Bauten mit Außenräumen und gemeinsamem Freiraum.

der Wiese. Die Menschen wollen das. Es ist eine schöne Sache, das Einzelhaus, das Eigene, das Eigentum. Zu viel Eigentum kann das Zusammenleben beschädigen, zu wenig dagegen zur Gleichgültigkeit führen. Grenzen werden wichtig; wir müssen Grenzen oder vielmehr Markierungen setzen. Das gilt zwar als unfein – aber wir brauchen das, das schafft unseren eigenen Raum und befreit eigene Bedürfnisse, eröffnet Begegnung zum Nachbarn. Hier sind es die gemeinsamen Wände und Decken zwischen den Wohnungen. Grenzen sind grundlegend; der Umgang mit ihnen fasziniert, mit ihrer Zweideutigkeit. Man ahnt etwas anderes. Durch Grenzen kann Kultur entstehen; Kultur kann Grenzen setzen. Grenzen können etwas Besonderes sein; Alexander Kluge gebraucht den Vergleich mit der biologischen Zelle und sagt: „Wenn die Zelle sprechen könnte, würde sie sagen: Ich lasse herein und ich grenze ab."[21] Auch räumliche Qualität wird durch Grenzen bestimmt. **Erst diese Raumgrenzen erlauben intime Räume, Privatsphäre. Nicht wie die heute gängige Bebauung, wo sich die Nachbarn gegenseitig**

---

21 Von Schirach, Ferdinand und Kluge, Alexander: Die Herzlichkeit der Vernunft, Luchterhand, München 2017, S. 150.

**auf den Teller gucken und ein Außenraum zum Rasenmähen
bleibt.** Wir haben die Außenräume konzentriert, geschützt, haben die „Häuser" zusammengeschoben und damit viel Platz gewonnen, neuen Raum. Natürlich ist das öffentlicher Raum, aber mir ist der Begriff Freiraum lieber. Im öffentlichen Raum erwartet man Ereignisse, im Freiraum nicht unbedingt, der ist offener – auch für Zufälle.

Vom Dorf lernen

Meine Erfahrungen mit Vrin greifen da; die Übergänge von privat zu halb öffentlich und öffentlich sind dort ganz informell. Der Kirchplatz ist eindeutig, der privat bestellte Garten ebenso. Aber wie ist es um die enge Gasse vor dem Haus bestellt, die manchmal eine Wiese ist, wie mit dem Durchschlupf zwischen zwei Häusern? Da gibt es Übergangsformen, davon weiß die geordnete Stadtplanung wenig. Gewohnheit, Konvention, Praxis sind da so wirksam wie konkrete Dinge – sei es ein Zaun oder ein Hühnerstall. Ebenso wirksam ist das

Dörflicher Außenraum: asphaltierte Straße, Schotterweg, Trampelpfad, öffentliches Grün, private Gärten, Terrassen – hierarchy of spaces, informell.

Zusammenstehen der Häuser, das Übergreifen der Dächer – dicht und weit sind in ständigem Wechsel und doch weiß jeder: Das hier ist meines, das dort ist öffentlich. Wir haben uns auch diesen Zusammenhang zunutze gemacht, ihn in der Bauform ablesbar gemacht, im Wechsel der Volumen und Dächer verdeutlicht. Das ist eine Referenz an die Art, wie der alte Ort gebaut ist. ... Dabei muss man aufpassen, dass die Fortführung nicht kippt. Doch man kann dieses Spiel mit den gewöhnlichen Elementen fortführen.

Man muss es hinbekommen, dass es eine Logik bekommt und nicht aus aufgesetzten Bildern besteht, die oberflächlich und austauschbar bleiben. Eine Art radikale Normalität. **Zur besondere Logik dörflicher Siedlung gehört, dass sie nicht die Rechtsform der Abstandsfläche kennt.** Das erlaubt, mit Nähe und Weite anders umzugehen; eng und offen wechseln ab, spielen miteinander. Am Rand sind wir dicht, im Zentrum großzügig. Am schlimmsten ist es, wenn alle Abstände gleich sind; das ist bei gleichen Parzellen oder beim Einfamilienhaus auf der Musterparzelle fast nicht zu vermeiden. ... Es gibt ein paar Prinzipien, die man aus der Erfahrung mit dem Dorf gewinnen kann. Zuallererst: Es sind Ereignisse, die Räume und Distanzen bestimmen. Unterschiedliches sollte möglich sein. Es sollte Produktion möglich sein, Spiel, Privatsphäre. Jede dieser Aktivitäten braucht andere Abstände und ein anderes Gegenüber. Das erlaubt dichte, randlose Atmosphären. Dichte ist sicherlich erstrebenswert, aber spezifisch, je nach Ort. Die Bauformen im Dorf sind durch dieses Verhalten geprägt, sie sind unterschiedlich, privat, „irrational". Räume, die für wechselnde Zwecke offen sind, sind besser als festgelegte Gemeinschafts-räume. Sie machen frei. Zum Spiel mit dem Raum gehört auch, dass ich mich zurückziehen kann; ich sehe, werde aber nicht gesehen. ... Und doch sind es Varia-tionen von Regeln, die durch Material, Verarbeitung, Dimension bestimmt sind. Die Grenzen von öffentlich und privat im Dorf sind differenziert – es gibt die klare

Dörfliche Dichte.

Grenze und den weichen Übergang. Dafür sind Grünflächen ganz wichtig – wir beginnen den Entwurf immer mit dem

Freiraum. Der muss Großzügigkeit bieten, Orientierung gewährleisten. Der soll die wertvollste Stelle ausfüllen – die Bebauung dagegen kommt auf den ungünstigsten Teil der Parzelle. So hat man's im Dorf immer gemacht. Früher waren diese Flächen für die Ernte reserviert, heute sind sie wichtige Freiräume, kollektive Erfahrungsräume – der Begegnung, des Spiels, der Arbeit.

Werkstatt

Gemeinhin gilt der Mensch mit der Fähigkeit zur Selbstreflexion und dem freien Willen als Abschluss der Schöpfung; die freie Verfügung über die Hände habe das Hirn befreit. Betrachten wir jedoch, wie du hier aufgewachsen bist, so ergibt sich ein anderes Bild. Hier kommen die Füße an erster Stelle. Man war den ganzen Tag unterwegs, auf den Beinen. Die tragen einen nicht nur von hier nach dort, sie nehmen auch wahr, balancieren, geben Halt und Haltung.   Nicht nur den Raum, den man mit den Beinen durchmisst, sondern seine Beschaffenheit, die Topografie spürt man mit den Beinen. Das Auf und Ab, die Steigung des Geländes, die Weite des Territoriums, aber auch die Bewegung um einen, in Eile oder mit der Ruhe einer Herde. Zu den Beinen kommen bald die Arme.

Hand und Fuß

Man könnte sagen: Dein Leben wiederholt die Evolution. Das Aufrichten auf zwei Beine setzt Arme und Hände frei; an dein Leben als Bauernbub schließt sich eine Lehre als Schreiner an. Zum Gehen kommt das Hantieren. Die Hand mit dem fokussierenden Auge wird Mittelpunkt.   Schön gesagt. Wer aber eine Sense zu führen weiß, hat eine Ahnung, wie dieses Zusammenspiel von Bein, Arm, Hand und der Sinne bäuerliches Tun prägt. Aber es ist schon richtig: Als angehender Handwerker musste ich mit der Hand behutsamer, genauer, bewusster umgehen.   War mehr Sorgfalt die vorherrschende Erfahrung?

Möglich. Man greift mit der Hand, formt, bringt in Bewegung, bringt etwas hervor. Man greift aber auch etwas an, spürt es, empfindet es – man erlebt die Wirklichkeit viel unmittelbarer als mit den Gesichtssinnen Auge, Ohr, Nase. Mit der Zeit gibt es Handfertigkeiten, da kommt eine ganz eigene Dimension der Zeit hinzu. Man besinnt sich, wie man was tut. Das Sinnliche und das Besinnliche fängt mit der Hand an. ... Mir kommt es so vor, als ob ein Werkstück, bei dem die Hand mit im Spiel war, mir ganz anders entgegenkommt als ein sonstwie gefertigtes. Die Hand bleibt im Spiel. Wenn der Gegenstand handgemacht ist, empfinde ich anders. Kann ein Haus, das sich nur geometrischer Überlegungen verdankt, alleine auf diese Logik bezogen ist, ebenso empfunden werden wie eines, das aus den Händen gegeben ist, an dem Hand angelegt wurde? Dem, auch wenn es fertig ist, ein Tun anzumerken ist? Ich habe das Gefühl, im ersten Fall kommt mein Leib gar nicht ran. Er bleibt auf Distanz, das Objekt ist abstrakt. ... Jedenfalls in der Architektur wird das problematisch. Was ist denn die Wahrheit der Architektur? „Konkretion", so Alexander Kluge, sei der „Wahrheitsbeweis für gute Baukunst". Und die „erweist sich, wenn Leben im Bau ist."[22]   **Leben, das ist Vielfalt. Unsere Zeit kennt nur einen Gott: die Ratio. Es ist mehr als fraglich, ob das Rationale so selbsterklärend ist. Ernst Pöppel jedenfalls bemerkt: „Alles ist mit allem engstens verbunden und beeinflusst sich gegenseitig auf eine nicht berechenbare Weise."[23] „Es gibt keine Unabhängigkeit der einzelnen psychischen Zustände."[24] Das Hirn verknüpft fast simultan Sinne, Emotion, Erinnerung, willentliche**

---

22 Kluge, Alexander: in Kramer, Ferdinand, Die Bauten, Wasmuth, Tübingen 2015, S. 98.
23 Pöppel, Ernst: Der Rahmen, dtv, München 2010, S. 113.
24 Pöppel, Ernst: Der Rahmen, dtv, München 2010, S. 113.

Motorik. Abstraktionen sparen das aus – das ist in Maßen auch notwendig. Aber es bleibt immer etwas auf der Strecke. Wo ist die Grenze? Schwierig. Vorsicht mit voreiligen Schlüssen! Es ist ja nicht immer alles gleichermaßen präsent. Es gibt diese starken Orte, die menschenleer sind – wenn ich durch unser Dorf gehe und all die Dinge sehe, die von Hand gemacht wurden, habe ich das Gefühl: Das lebt. Der Mensch ist anwesend, aber verborgen in den Dingen. Objekte, ganz dem rational-abstrakten Entwurf verschrieben, gelingen wohl auch – ein Stück weit geht das. Solche Objekte sind aber schon entrückt. ... Ganz fremd können Orte werden, deren Oberflächen nur maschinelle Herstellung zeigen, wo niemand Hand angelegt hat. Hand anlegen heißt auch: Spuren hinterlassen, Zeichen setzen. Damit kommt das Symbol, die kulturelle Verankerung ins Spiel. Dabei kommt es auf den Kern eines Symbols an, der Blick darf nicht am oberflächlichen Bild hängen bleiben. Wenn wir – wie in Disentis – das Bild „Nest" für Geborgenheit gebrauchen, muss es gelingen, das Wesen des Nestes zum Ausdruck zu bringen. Nest, das ist Dichte, Nähe, Wärme, das ist ein warmer Stein, das ist Holz, Textil. Metaphern kön-

Ein Nest aus Stein und Wärme: Mädchenpensionat Disentis, 2001–2004.

nen einen Weg weisen, dann entsteht Meisterschaft der Architektur. Der Umgang mit Metaphern in der Architektur ist sinnvoll, jedoch heikel. Man darf nicht am Bild hängen bleiben, sondern muss räumlich werden.

Handwerk und Maschine

Auch Dinge, die nicht handgefertigt sind, sagen etwas über ihre Machart aus. Industrielle Produkte sind von menschlichen Handgriffen weitgehend befreit, ferngesteuert. In manchen Fällen ist uns das recht, in manchen nicht. Noch können wir einen Käse aus der Sennerei von dem aus der Fabrik unterscheiden. Bei Massenprodukten wie dem Auto feiert im Luxussegment handgefertigte Herstellung eine Renaissance. Es gibt den Unterschied, wir empfinden ihn. Haben nicht viele unserer trostlosen Orte damit zu tun, dass der Mensch nur noch indirekt wirkt? Dazwischen wirken Maschine und Technik. Gibt es anthropologische Orte ohne eine Form von Direktheit? Die Nähe der Fertigung mit der Hand teilt sich dem Ding mit – Leiberfahrung wird möglich. Die Hand: der Macher; die Hand: der Empfinder – beides spielt zusammen und macht es möglich, dass du etwas hineingibst und etwas zurückholst. Das ist nicht einfach so da. Man muss gelernt haben, mit Dingen umzugehen. Lernen, üben, umgehen – das ist jeweils etwas anderes. Umgehen heißt freilich immer auch zu fragen: Wozu? **Hat die Schreinerei dich das gelehrt?** Anfangs eigenartigerweise nicht. Anfangs stand für mich nur das Machen im Vordergrund – du willst Resultate. Das Empfinden, das Wahrnehmen, das Wozu hat sich erst später eingestellt – das braucht Zeit, das kommt nur durchs Üben. **Mir geht es zunächst um das ganz naheliegende Spüren. Ein Beispiel aus einem anderen Handwerk: Wenn ich einen Teig mache, sagen mir meine Hände, wann die Temperatur, die Dichte, die Textur, die Viskosität stimmen, damit das Gebäck gelingen wird.**

Teig und Holz

Ich weiß – ich rühre hin und wieder für meine Frau den Teig für unser Brot. Und da weiß ich, wie sehr der durchgearbeitet sein muss, damit es gelingt. Das spürt die Hand, das sehen die Augen nicht, das riecht die Nase nicht, das hören die Ohren nicht. Was für ein Sinnesorgan ist die Hand! **Gibt es einen Unterschied zum – sagen wir mal – Hobeln einer Holzfläche?** Das Spüren der Hand sagt mir natürlich alles über die gewünschte Oberfläche. Hobeln zeigt übrigens: Wahrnehmen und Tun liegen ganz nah beieinander – wie läuft der Hobel, welcher Druck ist nötig usw. Das Empfinden dafür, welche Oberfläche für den späteren Gebrauch richtig ist, ist aber noch etwas anderes. Da kommt Erwartung hinzu, Intuition. Der Reifeprozess des Handwerks muss klären: Für was mache ich das? Was empfinde ich, wenn ich es anfasse, drauf sitze, draus esse? Was sind die richtigen Maße, Proportionen?

Monotonie und Wissen

Eine weitere Erfahrung, die mit der Zeit im Handwerk zu tun hat: Qualität entsteht nicht als schneller Kurzschluss von Ursache und Wirkung, sondern erst durch die Dauer langer Übung. Monotonie ist unheimlich wichtig und faszinierend. Erträgst du die Monotonie, dann wird vieles sichtbar. Eine eigene Lebendigkeit entsteht, die fast räumlich wirkt. Das spürt man beispielsweise beim Paternos-Totengebet sehr gut.[25] Durch Wiederholung entsteht ein Vermögen, geistiges – Erfahrung benennt das nur ungenau. Dieses Immer-Wieder, das quälend werden kann, ist fürs Handwerk wesentlich. Wiederholung glänzt am meisten – ein wunderbarer Satz. Wenn ich

---

25 Paternos: Romanisches Totengebet

etwas verändern will, brauche ich die Arbeit am Gleichen – das ist meine Erfahrung. In der Arbeit am Gleichen bemerke ich, was sich ändert. **Die Unterscheidung in explizites und implizites Wissen kommt da ins Spiel. Explizit: Das umfasst bewusste, intentionale Aktivitäten. Implizit: Das sind die Handlungen, die uns in Fleisch und Blut übergegangen sind – das Kneten des Teiges, das Treten der Fahrradpedale, das Wissen meiner Hände, inkorporiertes Wissen. Mehr noch: Wenn ich die heiße Kochplatte berühre, ziehe ich blitzschnell die Finger zurück, bevor das Hirn reagiert; der Reiz ist bereits bewertet und verarbeitet samt motorischer Aktion. Reflex und implizites Wissen spielen ineinander. Implizites Wissen ist vorwiegend eines der Nähe, explizites eines der Distanz.** Handwerkliches Tun ist vom Wechsel dieser Wissensformen durchdrungen. Sogar so weit, dass mir selbst seinerzeit diese Unterschiede weitgehend und lange nicht bewusst waren. Wir sind ganz davon überzeugt, alles sei rational gesteuert. Ein Tag in der Werkstatt belehrt einen eines Besseren. Da geschieht viel aus dem Handgelenk – blind greife ich nach dem Werkzeug; schon habe ich das Brett in der Hand, das ein Hocker werden soll, dann erst lege ich mir Rechenschaft ab. Es fällt schwer zu glauben, dass viele Menschen kaum Möglichkeiten haben, das zu erfahren; die machen dann wohl andere Dinge, sind Banker, machen Pläne. **Das implizite Wissen bildet den Rahmen, der erlaubt, gezielt explizit zu handeln.** Es geht darum, sich über dieses Zusammenspiel klar zu werden, etwas darüber zu lernen, mit diesem Werkzeug etwas anzufangen.

Jenseits des Plans
Was beispielsweise bedeutet: Ein Haus ist mehr als das, was der rationale Plan definiert. Erfahrungen, Wertungen, Erinnerungen, Gefühle – meine und die anderer – sind unausweichlich präsent.

Das mindert den Plan nicht, relativiert ihn aber. Sich darüber klar zu werden, kann nicht heißen, diese Einflüsse – nun bewusst verfügbar – planbar zu machen, sondern: Mit mehr ist zu rechnen. Ich erlebe das ja immer wieder: Menschen, für die eine Sache dies eine ist – und nur dies. Gestern hatte ich so ein Gespräch über Fenster. Ich rede und rede und sage: Es blickt aber in diese Richtung und der Wind steht so auf Haus und Fenster und das Licht in der Laibung leuchtet anders als die Lichtöffnung und der Raumzuschnitt spielt eine Rolle. Doch mein Gegenüber bleibt dabei: Nein, Fenster ist dies und nur dies, so steht's im Lexikon. Andere Erfahrungsebenen bleiben verschlossen. Chancenlos! Die Ratio hat ihm das so gegeben, eindeutig, unumstößlich. Dagegen hat Erfahrungswissen, Werkstattwissen fließende Ränder, weil es sich ja ständig erneuert – das hört nie auf. **Aristoteles hätte ihm vielleicht weiterhelfen können; er nannte die Hand das erste aller Werkzeuge**[26]**, die Erweiterung unseres Ichs. Das Tun mit den Händen und handwerkliches Erfahrungswissen sind etwas Eigenständiges. Über zweierlei können sie uns Klarheit verschaffen: Wissen durch Übung ist etwas anderes als logisches Begründen. Und: Die Hand kann Außerordentliches. Man weiß heute: Körperteile und Sinnesorgane werden im Gehirn durch eigene Bereiche repräsentiert. Da zeigt sich Erstaunliches: Die Hand nimmt etwa ein Drittel des Volumens des gesamten**

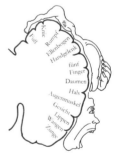

Kortexbild der willkürlichen Motorik beim Menschen (nach Penfield, Rasmussen). Deutlich wird die enorme Bedeutung von Hand und Sprachorgan.

---

26 Aristoteles: Die Hand ist das Werkzeug aller Werkzeuge in: Die Teile der Tiere, IV 687 16–23.

menschlichen Körpers ein. Das Volumen, das die Hand im Gehirn in Anspruch nimmt, ist gleich groß wie das der Gesichtssinne Sehen, Hören, Riechen. Das ist enorm und unterstreicht die Bedeutung der Hand. In der Tat beeindruckend! Und es ist dramatisch für den Menschen, wenn die Hand nichts mehr zu tun hat. Wenn die Hand vernachlässigt wird und wenn das Tun der Hand verkümmert, fallen wichtige Bereiche des Gehirns leer, das Gehirn als Ganzes gerät in Mitleidenschaft. Das verleiht dem Handwerklichen eine ganz ungeahnte Dimension. Das ist dramatisch angesichts unserer Zeit, die das Leben auf eine gläserne Scheibe reduzieren zu können glaubt.

Improvisation

So vielseitig und vernetzt die Hand ist, so vielseitig ist das Handwerk. Durch Übung erworbenes implizites Wissen bildet den Rahmen für explizite Handlungen. Intuition ist eine handwerkliche Kardinaltugend, der zur Seite gestellt werden kann: Improvisation. Bevor – wie heute verbreitet – Planungs- und Fertigungsrechner kurzgeschlossen wurden, gab es im Handwerk diesen Zwischenschritt. Der Plan war das eine und je nach Fall mehr oder weniger Intuition, Improvisation, Ausführung das andere. Situatives Handeln. Die Frage ist: Wie kann ich dieses Werkzeug rüsten? Ich bin dankbar, dass ich diese Erfahrung machen durfte – in situativem Handeln mich einer Lösung annähern. Das ist etwas anderes als Planung nach heute weit verbreitetem Verständnis: Die Sache muss im Plan vollständig erfasst sein. Hätte ich diesen Erfahrungsraum Handwerk nicht, wäre mir dieses situative Verknüpfen, diese „massive Parallelität" wohl nicht gegeben. **Es sind besonders die elektronischen Medien, die der Überzeugung Vorschub leisten,**

der Plan schaffe totale Mobilmachung und Kontrolle. Und nur was so durchgeplant ist, findet Beachtung. Dagegen ist Einspruch erhoben worden. So stellt Bruno Latour fest: „Es gibt weder Kontrolle noch allmächtige Schöpfer, aber es gibt Sorgfalt, Bedenken, Vorsorge, Aufmerksamkeit, Sammlung, Zögern und Reprise. Wir bewahren nur, was aus unseren Händen kommt, ohne uns indes für seinen Ursprung zu halten."[27] Dreierlei ist damit gesagt: Wechselwirkungen – für das Handwerk charakteristisch – sind eindimensionalen Vorgängen vorzuziehen. Was aus unseren Händen kommt, bewährt sich. Schließlich: Wir sind dennoch nicht die (einzige) Ursache. Beziehungen spielen beim Handwerk sicher eine größere Rolle. Nie fange ich bei null an – es gibt das Material, das Können, die Übung – all das ist schon da. Auch geht nicht alles vom Kopf aus – da sind die Sinne, die Hände, Aktion und Reaktion. Da gibt's nicht nur: in Angriff nehmen, abwickeln, zu Ende bringen. Sondern eben: bedenken, zögern, sammeln, zurückschauen – all das, was heutige Abläufe zu stören scheint. Und das merke ich dann den Dingen an: Sind sie glatt, perfekt, eins dem andern gleich? Oder sind sie plastisch, mit kleinen Abweichungen und Variationen? Dort herrscht Mechanik, hier situatives Handeln. Perfektion, absolute Kontrolle und allmächtige Schöpfer, die aus dem Nichts konstruieren – das ist Selbstermächtigung, die Plan und Konstruktion überschätzt. Handwerk dagegen steht als Glied in einer Schöpfungskette, einer Art von Stoffwechsel des Hervorbringens. „Der Begriff Produktion", insistiert Latour, „zieht keineswegs den eines allmächtigen Produzenten nach sich."[28] Handeln können wir ja gerade als Teil einer Welt,

---

27 Latour, Bruno: Jubilieren, Suhrkamp, Berlin 2011, S. 204.
28 Latour, Bruno: Jubilieren, Suhrkamp, Berlin 2011, S. 202.

die ein Geschehen[29] ist. Da tut sich gerade in der Architektur mancher schwer, der etwas noch nie Dagewesenes in die Welt setzen will – das ist uninteressant. Interessant ist, wie ich der Welt einen anderen Dreh verpasse, ihre Energie umpole, einen anderen Weg einschlage, unter Möglichkeiten wähle. Ich muss teilhaben, mitspielen, dann spielt das Spiel mit mir. ... Im Nachbartal haben sie Großes vor; ich finde das monströs. Wenn ich nun feststelle: Ich kann nicht hingehen und sagen: So, jetzt baue ich ein Hochhaus ins Bergtal, dann heißt das ja nicht: Jetzt darf ich nur noch alte Hütten bauen. Sondern: sehen, dass keine Hütte der anderen gleicht; versuchen zu verstehen, warum diese anders als jene ist; mir klar darüber werden, was ich wiederum anders machen will und was gleich. **Anders entwerfen?** Produzieren, schaffen – das wird einerseits kleiner. Eine ganze Welt zu schaffen, ist uns nicht gegeben. Andererseits wird es größer. Es sind umfassende Zusammenhänge, die zu bedenken sind, die einwirken und auf die ich einwirke. Ökonomie fällt mir ein: ein Zusammenhang, an dem wir immer teilhaben; wirtschaften wir gut, kommt etwas dazu, wirtschaften wir schlecht, sägen wir am Ast, auf dem wir sitzen. Das ist nicht dasselbe wie das, was man heute dafür hält: Kommerz. Dem geht's nur um einen Teil des Kuchens – wie mache ich mein Stückchen größer auf Kosten der anderen.

---

29 Guzzoni, Ute: Der andere Heidegger, Freiburg/München, 2009, S. 108. „Es geht Heidegger ganz generell darum – und zwar in einer Konsequenz, die nicht radikal genug gedacht werden kann – das Wesen von etwas ... als Geschehen, als Bewegung zu denken ... Die Gefahr einer Hypostasierung oder Substanzialisierung ist damit ausgeschlossen."

Spielen

Teilhaben, sich einstimmen, mitspielen – situatives Verknüpfen sagst du, „massive Parallelität"[30] erfahren, mit ihr spielen lernen ... Ob es mit einem Beispiel aus einer anderen Welt deutlicher wird? Im Sommer haben wir hier oben immer Fußball gespielt – anfangs alle, Alt und Jung, noch auf der ungeteerten Straße, später hatten wir Jungen einen Platz. Ich wollte Fußballer werden. Und wenn ich auf dem Platz stehe und krieg den richtigen Pass, weiß ich, ohne nachzudenken: Jetzt muss ich das Tor machen. Hab ich das reflektiert? Ich sehe die Lücke in der Abwehr, die Beine wissen, wohin; einer will den Weg abschneiden, automatisch pass' ich zum Mitspieler, der legt vor, passt zurück, der Fuß kennt schon den Winkel und: Tooor! Das ist „massive Parallelität", Präsenz, Tun – Denken hilft da bestenfalls im Nachhinein. ... Dazu ist zu sagen: Du musst dich darauf einlassen. Für Erfahrung musst du bereit sein – auch für schlechte. Ich muss Ja sagen, zu guter wie schlechter. Es gibt Erfahrung, die wehtut. Als Entwerfer muss ich mich dem aussetzen und mich darauf einlassen. Das habe ich als Handwerker erlebt, bewusst war es mir kaum, das wurde es erst langsam. Erfahrung hat es auch schon vorher gegeben: Das Hüten der Tiere, das Wachsen der Wiesen, das Wehen des Windes, der Wechsel des Wetters – das alles war da, wohl nicht immer bewusst, aber es war da und vielleicht ist mir diese Welt wichtiger geblieben als die der Werkstatt. **Was für eine Wirklichkeit im Vergleich zu unserem heutigen Leben. Seit einem halben Jahrhundert wird das Thema Mensch-Maschine durch**

---

30 „Jeder Bewußtseinszustand ist gekennzeichnet von einem raumzeitlichen Muster von neuronalen Aktivitäten, in denen mehrere Areale beteiligt sind; die Aktivität nur eines Areals, des ‚Zentrums' reicht nicht aus." Ernst Pöppel: Der Rahmen, dtv, München 2010. S. 428. Siehe auch Anm. 23, S. 74.

die Kommunikationsmaschine bereichert. Zunächst gilt auch hier: Die Maschine organisiert repetitive Aktionen nach einem Prinzip; die Kommunikationsmaschine strukturiert Datenverarbeitung, speichert sie – im Unterschied zum Menschen mit Leib und Seele, Hand und Hirn. Neu ist: Die Maschine wird dank Rückkopplungen autonom – Stichwort künstliche Intelligenz. Die Verschmelzung von Mensch und Maschine soll bald vollzogen sein. Was das mit sich bringt, hängt nicht zuletzt davon ab, ob die Frage im Jahr 2000 oder 2017 gestellt wurde – wird die Maschine so intelligent wie der Mensch oder der Mensch so dumm wie die Maschine? Der israelische Historiker Y. N. Harari beschreibt das Eindringen von Effizienz und Kontrolle in unser Leben. Er erwartet ein deutlich höheres Alter infolge steigender Sorge um Gesundheit. Kontrolle sowie Absicherung werden zunehmen. Die Erwartungen im Allgemeinen, die Anforderung an Flexibilität und Belastbarkeit im Besonderen werden steigen. Hilfsmittel, vom technischen Apparat bis zu Psychosubstanzen, werden allgegenwärtig und es wird sich die Frage stellen, wer sich das leisten kann. Bereits heute meldet sich Skepsis: „Unser Leben ist viel komfortabler als das früherer Generationen, dennoch bezweifle ich, dass wir glücklicher sind als die Leute vor hundert Jahren. ... Ganz offensichtlich kann man technische Möglichkeiten nicht einfach in Glück übersetzen."[31] Ertragen wir alle diese Neuerungen? Der Mensch will autonom sein, er will selbst bestimmen, darum erträgt er diese Maschinen nur bis zu einem gewissen Grade. Die Maschine kann sehr wertvoll sein, wenn ich weiß, was ich will, siehe Internet. Doch ohne eigenen Willen wirst du überrannt von dieser Maschine.

---

31 Harari, Yuval Noah: Die Welt wird extrem hektisch sein, in: SZ Magazin 38 vom 22.09.2017, S. 41.

Autonomie

Mir zeigt das: Autonomie, wie relativ die auch immer sein mag, wird bedeutend. Auf eigenen Beinen stehen: Diese „Persönlichkeitsbildung" wird nicht zuletzt ganz gut geleistet durch den konkreten, sorgfältigen Umgang mit Dingen, die eigene Praxis – das erfährt man gut im Handwerk, seiner Interaktion und Improvisation. Wie komme ich zurecht mit dem, was mir zufällt? Der Zufall, das ist der größte Feind der Maschine. Die Maschine wird wohl intelligent, aber wird sie klug? Wo bleiben Stimmungen, Gefühle? Deren Bildung gehört zur Persönlichkeit. **Autonomie ist ein gutes Stichwort. Wir erleben dank dem Medium Internet eine zunehmende Verlagerung von Aussagen über konkrete Dinge hin zu Beschäftigung mit Vermutungen, Andeutungen und Behauptungen auf einer überlagerten Ebene. Wie eine sehr gründliche, wissenschaftlich geprüfte Studie über den Bestand der Insekten[32] in kürzester Zeit im Sumpf von Verschwörungstheorien und Glaubenskriegen versinkt, getrieben von handfesten Interessen und befeuert durch Ressentiments, ist schon – um mal ein neues Wort zu gebrauchen – krass! Eine Erörterung auf sachlicher Ebene ist – unwiederbringlich? – dahin.[33]** Wir entfernen uns vom Naheliegenden, verlieren das Gefühl für den eigenen Leib. So beim Bauen, wo wir Aggregat auf Aggregat setzen – etwa wenn's um Energie geht. Wir verschwinden als Nutzer, der seine Autonomie einbüßt. **Wer kontrolliert wen, wer spielt mit wem?** Die Digitalisierung wird unseren Umgang mit der Bergwelt verändern. Ob der digitale Arbeitsplatz jedoch ein Gewinn ist? ... Es könnte auch andersrum kommen. Der Tourist weiß dank Netz: In Vrin scheint

---

32 Studie über Insektensterben des Entomologischen Verein Krefeld e.V.

33 Grossarth, Jan: Insektensterben als Medienhysterie?, in: FAZ 14.2.17, S. 15.

die Sonne; er setzt sich ins Auto; hier angekommen, schlägt das Wetter um und der moderne Gast reist ab. Wer die Welt so unter Kontrolle bringt, ist kein verlässlicher Gast. Das Bild hat die Wirklichkeit ersetzt. ... Vor Jahren schon gab es ein Projekt in der Surselva, wo digitale Medien die Leute zum Bleiben veranlassen sollten. Kein Mensch ist danach geblieben; der Schwund hat sogar zugenommen. Das Gasthaus in Valendas und andere handfeste Projekte im Dorf dagegen haben Gäste gebracht. Das Digitale ist von globaler Dimension und kümmert sich nicht um die Eigenschaften der Peripherie. Der effektive Nutzen auch für das Berggebiet dürfte überschaubar sein. Ich sehe die digitale Welt nicht als Bedrohung – aber als Verheißung? Berührt sie uns Menschen im Kern wirklich? **Muss man so weit gehen wie Steven Hill, der vom „techno-potemkinschen Dorf" spricht?**[34] Wer weiß? Was ich weiß: Das Handfeste des Handwerks ist wirklich, wohl auch das Herzhafte, wie Heidegger mal sagt. Das spricht sich rum. Es geht nicht darum, ein neues Heilmittel auszurufen, sondern das, was wir haben, was sich bewährt hat, anzuerkennen, es in eine neue Sicht der Welt einzubeziehen, auf seine Gültigkeit zu bestehen neben der Maschine und das ganze Heil der Welt nicht von der nächsten Innovation abhängig zu machen. „Wir können auch anders", so Heidegger in seiner Messkircher Rede. „Wir können ‚ja' sagen zur unumgänglichen Benützung der technischen Gegenstände und wir können zugleich ‚nein' sagen, insofern wir ihnen verwehren, dass sie uns ausschließlich beanspruchen und so unser Wesen verbiegen, verwirren und zuletzt veröden."[35]

34 Hill, Steven: Die Start-up Illusion, Knaur, München 2017, S. 135.
35 Heidegger, Martin: Gelassenheit, Neske, Pfullingen 1959, 3. Aufl., S. 22–23.

Das Ganze

Die Hand bleibt zentral. Der Anthropologe Andre Leroi-Gourhan macht auf den engen Zusammenhang von Hand und Mund aufmerksam.[36] Ein Ungeborenes „übt" schon im Mutterleib mit dem Daumen die Nahrungsaufnahme – ein Zusammenhang, der uns erhalten bleibt. Der Mund formuliert mehr oder weniger klare Laute zur Verständigung mit anderen, Laute und Gesten, Mund und Hand ergänzen sich, anfangs gleichwertig. Schließlich ist es die Hand, die der Sprache zu Dauer verhilft: in der Schrift. Hand und Mund stellen sicher, dass der Mensch ein gesellschaftliches Wesen bleibt. Reden, tun, das ist immer sozial. Man ist Teil des Sozialen – dem kann man sich nicht entziehen. Daraus folgend kann ich fragen: Was kann ich im Sozialen bewirken? Soll ich das Soziale verbessern? Betrifft das nicht gerade die sozialste aller Künste, die Architektur? Eine Architektur, die das verneint, entkommt ja deshalb nicht diesem Zusammenhang. Sie dreht dieser Frage nur den Rücken

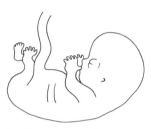

Vom Ursprung an ein Zusammenspiel: Hand und Mund – Ernährung, Gestik, Sprache, Schrift.

zu. Auch gestalterische Fragen haben eine soziale Dimension – und umgekehrt. Heutzutage sind ja die Mächte, die sich dem Sozialen, der sozialen Verantwortung zu entziehen suchen, benennbar. Was bedeutet es, dass gerade diese Mächte in ihren Signature-Buildings einen solchen ästhetischen Heißhunger zeigen? Was sagt das über diese Ästhetik? ... Dass wir soziale

---

36 Leroi-Gourhan, André: Hand und Wort, Suhrkamp 2. Aufl., Frankfurt am Main 1984, S. 319. André Leroi-Gourhan, 1911–86, französischer Archäologe, Paläontologe und Anthropologe. Professor an der Sorbonne und Collège de France. Themenschwerpunkt Technik und materielle Kultur.

Wesen und also Teil des Sozialen sind, bleibt Realität. Beeinflussen, verbessern kann ich, wenn ich das annehme, wenn ich mich auf diese Realität einlasse, den Kontext in Rechnung stelle. Kontext ist ja nicht nur das gebaute Drumherum, sondern das Soziale, die Geschichte, die Mentalität des Raums, in dem ich agiere. Auch da könnte einem „massive Parallelität" einfallen. Wirkungen kann ich da erzielen, wenn ich mich darauf einlasse. Insofern wäre mein Leib der Gegenspieler des Kontextes. Leib ist nicht bloß Körper, sondern Raum, in dem ich wirke. Architektur entsteht, wenn in diesem Gegenspiel ein Ganzes zur Sprache kommt, wenn die gebauten Dinge das versammeln. Mir geht es um Orte, gute Orte, und das ist mehr als ein Objekt, ein isolierter, freigestellter Gegenstand. Ein gebautes Ding reflektiert die Bezüge, die am Ort walten, und selbstverständlich muss es dazu hohe Qualität haben. Aber welche Qualität? Reicht Geometrie allein? Gute, starke Objekte haben die Kraft, den Ort zu prägen. Heidegger hat in seinem Vortrag

Brücke Heidelberg.

„Bauen Wohnen Denken" eine Brücke als Beleg gewählt.[37]

Ort
Von diesem Ding „Brücke" her entsteht der Ort, die Brücke bringt die Ufer zueinander, sammelt die Wege, die Landschaft, die Menschen. Ding und Ort sind hier eng miteinander verwoben. Das ist bei dem, was heute in der Architektur Objekt genannt wird, selten der Fall. Da überwiegt Distanz, das Bemühen, sich heraus-

---

[37] Heidegger, Martin: Bauen Wohnen Denken, in: Vorträge und Aufsätze, Neske, Pfullingen 1954, S. 154.

zuheben, aufzufallen. Objekt steht für sich, setzt sich ab, meidet Bezug. Bezug ist wichtig, ist aber nicht einseitig gerichtet. Ein starkes Objekt entfaltet Wirkung in einem schwachen Kontext, schafft Bezüge. Doch selbst dann reagiert es auf ihn – indem es brachliegende Potenziale weckt. Sowenig Kontext ohne solche Objekte denkbar ist, so wenig erschaffen Objekte alleine einen Kontext. Auf das Wechselspiel kommt es an. **Heidegger stellt ja fest: Ein Ort ist nicht vor den Dingen da, gewissermaßen ein leerer Behälter, in den diese platziert werden. Es ist die Brücke, die diese Stelle am Fluss zu einem Ort macht. Aber es muss eine geeignete Stelle sein, die den Bau einer Brücke erlaubt.** Und es gibt eine unterschiedliche Gewichtung der Dinge, Hierarchien spielen eine Rolle: Im Dorf ist das so. Es gibt gebaute Dinge mit mehr, solche mit weniger Bedeutung – die Kirche im Dorf, die gewöhnlichen Häuser. Es gibt Zeichen, die im sozialen System Orientierung erlauben. Der Mensch sucht Orientierung – „starke" Dinge helfen da. Auf die enge Beziehung zwischen uns Menschen und dem Ort hat Christian Norberg-Schulz bestanden: „Personale Identität setzt Identität des Ortes voraus."[38] **Die „starken" Dinge, Bauten etwa, entfalten ihre Wirkung, wenn ein Resonanzboden da ist.** Resonanz findet das Objekt, wo es auf Soziales trifft. Wenn es sich als Objekt in das Geschehen des Sozialen stellt, kann es Ereignisse auslösen. Es braucht bauliche Struktur, es braucht die handelnden Menschen, dann entstehen Resonanzen. Auf dieser Basis ereignen sich Resonanzen. ... In Valendas habe ich den Wirt über den Platz laufen sehen, die Küchenhilfe kam ihm mit einem Korb Erdbeeren entgegen – ist das passiert, hab' ich es mir eingebildet? Dieses Bild hat einen Raum geschaffen, in dem sich Leben ereignet.

---

38 Norberg-Schulz, Christian: Genius Loci, Klett-Cotta, Stuttgart 1976, S. 22.

Den Berg hinauf

Wenn ich Einfluss nehmen will, muss ich Einflüsse aufnehmen ...

... und kann das nicht berechnen. Alles, was da zusammenkommt, kommt aus dem Erfahrungsraum. Der lässt sich nicht festlegen. Was immer wahrgenommen, gespürt, aufgegriffen, erinnert, auch bewegt und getan wird, verdichtet sich, ergibt eine kritische Masse, die nicht zerteilt werden kann. Wenn diese kritische Masse erreicht ist, wird es ein interessantes Werkzeug. Ist das die Antwort auf meine Frage: Woher kommen Ideen? Was sind solche „Kernschmelzen"? Je älter ich werde, desto eher kommen sie. Früher war das viel schwieriger – was habe ich gelitten! Man fordert etwas heraus und nichts will sich zeigen. Und mit einem Mal ist etwas da – erklären kann ich es nicht. Dass es heute etwas leichter fällt, mag mit Übung, mit Gelassenheit, mit Offenheit und der Gewissheit zu tun haben, es wird etwas passieren. Trotz höherer Ansprüche quäle ich mich nicht mehr so. Beständiges Tun, dranbleiben, üben hilft – das hat mich das Handwerk ahnen lassen und meine Kindheit als Bergbauernbub gelehrt. **Das klingt gerade so, als habe dich der Anthropologe André Leroi-Gourhan vor fünfzig Jahren auf der Maiensäss besucht und sich auf seiner Rückkehr in die moderne Welt gefragt: „Befreit von seinen Werkzeugen, seinen Gesten und Muskeln, von der Programmierung seiner Handlungen und seines Gedächtnisses, befreit von der Phantasie, an deren Stelle die Perfektion des Fernsehens getreten ist, befreit von der Tier- und Pflanzenwelt, vom Wind, von der Kälte, den Mikroben und dem Unbekannten der Gebirge und Meere, steht der Homo sapiens wahrscheinlich am Ende seiner Laufbahn. ... Wie soll dieses veraltete Säugetier mit den archaischen Bedürfnissen, die einst die Triebkraft seines Aufstiegs bildeten, weiterhin seinen Stein den Berg hinaufrollen, wenn ihm eines Tages**

nur noch das Bild seiner Wirklichkeit bleibt?"[39] So konnte
er fragen, weil er beide Welten kannte. Wollen wir uns diese
Fähigkeit erhalten, dürfen wir keine der beiden aufgeben.

Fassung

**Leibhaftig und mechanisch, situativ und sequenziell, Ort und
Objekt – ein weiter Spannungsbogen. Der Anthropologe André
Leroi-Gourhan kommt nach intensiven Studien zu dem Schluss,
dass die handwerkliche Kultur jene sei, in der die Künste, die
soziale Ästhetik und die Freude an der Technik ein Maximum an
individueller Prägung erreicht haben.**[40] **Wie erlebst du unsere
heutige Welt?** Die Fragmentierung des Ganzen, die Optimie-
rung der Fragmente und das Spezialistentum bestimmen
heute das Bild. Da gibt's die Profis, „die erledigen das". Alles
muss von Grund auf passen und funktionieren. Ob das Ganze
stimmt, beschäftigt die nicht. Da entsteht keine Architekturqualität, da wird erledigt. Ich will aber nicht alles erledigen. ...
Beispiel Totenhaus: Viele wollten, dass die Beerdigung zügig
erledigt wird. Ich wollte dem Ritual des Aufbahrens, dem ruhi-
gen Abschiednehmen Raum geben, den letzten Gang in einer
kleinen Prozession mit Würde vollziehen. Darauf habe ich bestanden. Den Weg machen. Das hat man dann verstanden.
**Erledigen, das hat heute eine große Faszination. Das prägt heu-
tige Planung. Nichts soll offenbleiben, alles muss abgeschlossen
sein und dann erst wird der Bau in Angriff genommen. Dass das
keineswegs der einzige Weg zu bauen ist, weiß noch, wer vor
fünfzig Jahren zum Bauen kam oder in anderen Weltgegenden**

---

39 Leroi-Gourhan, André: Hand und Wort, Suhrkamp 2. Aufl., Frankfurt am Main 1984,
    S. 496 f.
40 Leroi-Gourhan, André: Hand und Wort, Suhrkamp 2. Aufl., Frankfurt am Main 1984,
    S. 343.

Erfahrung machen durfte – der kennt handwerkliche Kultur.
Es gab ein Ineinanderspiel unterschiedlicher Maßstäbe, nicht
alles war von Beginn an bis ins Detail definiert, es gab ein
Ineinandergreifen der Beteiligten, man musste mit dem Vermögen aller rechnen – so ist erhebliche Qualität entstanden.
Man erledigte nicht einen Job und machte sich aus dem Staub.
Heute zählt: Der fertige Plan, die Strichliste, es wird abgehakt,
Protokoll geschrieben, der Controller übernimmt. So machen
es die Profis. Jeder für sich, ohne vom Nachbarn Kenntnis zu
nehmen, Verantwortung ist minimiert. Theoretisch ist das
optimal, praktisch ziemlich zweifelhaft, wie die Praxis allent-
halben zeigt. Einem Ganzen, das mehr ist als die Summe seiner Teile – das eben ist Architektur –, wird es kaum gerecht. ...
Freilich: So eine Qualität braucht ein Gegenüber, jemanden,
der weiß, was das ist. Qualität ist nicht einfach da. Natürlich
müssen wir Dinge erledigen, aber wir müssen auch bewerten,
was ist wichtig. Was wollen wir? Was soll das werden? Was ist
wichtig, um das zu erreichen? Es hilft halt gar nichts, wenn
der Bau wunderbare Details aufweist, aber unsere Seele nicht
berührt, nichts zum Klingen bringt. Genau zu wissen, wo der
Schwerpunkt zu setzen ist, erfordert Zeit für Konzentration,
Fassung, Intuition. Da entsteht Architektur. Und wenn es nur
ein Moment ist, da diese Dichte eintritt – da bin ich glücklich.

Ein Tisch

**Neuerdings bist du wieder zum Schreiner, zum Möbelbauer
zurückgekommen. Was treibt dich dabei heute um?**   Ein Haus
ist ein Haus, ein Herd ist ein Herd. Es gibt charakteristische
Bilder in unserem Gedächtnis für Haus, Herd, Tisch. Sie sind

kulturell geprägt und helfen mir beim Ordnen, mit anderen Worten: beim Entwerfen. Was ich in Vrin besonders mag: Es gibt die klare Hierarchie von Kirche, Schule, Haus, Stall, Garten. ... In dieser Hierarchie kann ich gut arbeiten. Es ist dieser Zusammenhang, der klarmacht, was die Bauten innerhalb vom Dorf bedeuten. **Und doch ist jedes ein Eigenes. Nehmen wir dieses Haus im Dorf vor uns, von dir vor ca. fünfzehn Jahren geplant. Es hat eine typische Fassade, plastisch, ausdrucksstark, dazu Details wie die exponierte Lattung der Steindeckung, die so etwas wie ein Fries ergibt. Das Haus als Kiste war dir offensichtlich zu wenig. Eigen und doch passt es zu den Nachbarn.**

Gegenüber den alten Bauten sollen die neuen nicht Kunstwerke sein, aber sie sollten kunstvoll gemacht sein – mit Sorgfalt und Hingabe. Es gibt viele Möglichkeiten; man spielt mit den einzelnen Elementen wie diesen Latten. Das ist das Kunststück. Das interessiert mich auch an

Details zu einem Haus in Vrin.

den Möbeln. Aus dem Gewöhnlichen das herauszufinden, was Symbolkraft hat; ausgraben, was tief in der Erinnerung verankert ist. Damit kann man spielen, etwas Kunstvolles machen. Davon wusste der Schreiner Caminada noch nichts. ...

Gewöhnlich

Dieses neuerliche Interesse am Möbel verdankt sich dem Auftrag eines Schweizer Möbelherstellers, Möbel „aus den Bergen" zu entwickeln. Kann man so sagen? Vielleicht so: Man will weg vom Oberflächenglanz hin zu Dingen, die uns etwas bedeuten – man könnte sagen: zu anderen Werten, oder: zu Werten. Wie geht das? Natürlich kann ein verrücktes Werk, ein wundersames Objekt, auch Werte beanspruchen. Mir geht es aber darum, Werte in Empfindungen zu suchen, die wir in der Tiefe teilen, und sie ans Licht zu bringen, erlebbar zu machen. Werte in diesem Sinn haben etwas mit dem Ort zu tun, mit Zugehörigkeit: Sie sind lokalisierbar, lassen sich zuordnen. **Heißt lokalisierbar Gewöhnung im Ort?** Davon gehe ich aus. Vom Gewöhnlichen. Verschiebe ich das dann ein wenig, so wird es ungewöhnlich und dadurch lebendig. Es ist ein Spiel, nicht die große Geste. ... Also: Tisch nicht als interessante technoide Struktur oder aufregende Skulptur, sondern fragen: Was ist ein Tisch? Der besteht zunächst aus drei Elementen: Platte, Zarge, Fuß. Das habe ich in der Werkstatt gelernt. Diese Elemente muss ich begreifen, für sich, in Beziehung zueinander, in Beziehung zu anderen Dingen. Dann:

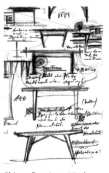

Skizze für einen Tisch.

Gibt es eine Rangordnung unter diesen Elementen? Was ist das wichtigste Element? Die Tischplatte. Der Fuß ist auch wichtig, aber anderswertig; wieder anders: die Zarge. Also die Tischplatte – können da Beziehungsmomente zum Nutzer eingearbeitet werden, die Werte vermitteln? Die Herkunft des Materials, die Bedeutung von Symbolen oder die Beziehung zum Tischbauer führen zu solchen Werten. Zugehörigkeit, Normalität: Was löst das aus? Darum kreise ich. **Dieses Kreisen führt zu etwas anderem als horizontaler Fläche, senkrechten Stäben, rechtem Winkel. Das wäre das Normale unserer heutigen Kultur; du gibst deinem Gewöhnlichen noch etwas anderes mit.**
Einen zusätzlichen Schub, der das Gewöhnliche zum Vibrieren bringt. In der handwerklichen Kultur wird jedes Gewöhnliche individuell bearbeitet, variiert ist von stumpfer Kopie

so weit entfernt wie von geschmackvoller Kreation. Indem es von jemandem an einem Ort mit all seinen Bezügen bearbeitet wird, lebt es – Heidegger sagt: Das Ding dingt.[41] **Wie lässt sich das im Entwurf verstehen?** Zuerst habe ich die einzelnen Teile seziert, auseinandergenommen, mir die Elemente angesehen, sie zu begreifen versucht. Wie autonom sind sie, wie stark ihre Beziehung. Zugleich suche ich die Bedeutungen, persönlich, als Mensch, als leibliches Wesen. Ich stelle fest: Jedes Teil hat eine gewisse Autonomie – nur so sind Beziehungen möglich. Bringt man diese Kräfte zusammen, kann Unerwartetes entstehen. **Im Fall des Tisches: Was ist da konkret geschehen?** Nun, die Beine haben einen konischen Verlauf bekommen, sind aber noch von quadratischem Querschnitt. Sie leisten Unterschiedliches, sind eher technische Gebilde. Außerdem: Sie spreizen sich nach außen – kaum merklich. Das ist mir wichtig. Es darf nicht ins Auge springen, sonst ist der Zauber weg. So entstehen Spannung, Aktivität. Die Aktion ist nicht fertig, ist nur angedeutet. Das hat für mich etwas Erotisches: Kommt da was auf mich zu, bilde ich mir was ein? Ein Wechselspiel, das spannend bleibt. Ein weiterer Aspekt: Auch beim Tisch sind Typus und Topos relevant. Der Fuß könnte allgemeiner Art sein, etwas, das sich bewährt hat; die Platte dagegen individuell, Material nach Region und Wünschen der Menschen. Trotz dieser Variationen sollte der Tisch zur gleichen Familie Tisch gehören. **Da ist das Bild vom Tisch. Und da sind Bereiche, die sind besonders. An der Tischplatte fasse ich den Tisch an, da ist die Beziehung am leibhaftesten.** Beim Stuhl wäre das wohl die Lehne; ein bisschen anders:

---

41 Heidegger, Martin: Das Ding, in: Vorträge und Aufsätze, Neske, Pfullingen 1954, S. 172.

die Sitzfläche. Diese Zonen sind traditionell gestaltet worden. Das eine ist mir nah, das andere weniger. Das möchte ich unterschiedlich zelebrieren.

Material, Raum

So ergibt sich eine Hierarchie der Wertigkeit. Gilt das auch für's Material? Das hängt davon ab, wofür etwas gebraucht wird. Was ich anfasse, soll sich gut anfühlen, mir schmeicheln. Nicht jedes Material ist geeignet. Zu Glas beispielsweise für die Tischplatte sagt meine leibliche Erfahrung: Unfug. … Dem Material als solchem wird zurzeit etwas viel zugemutet oder zugetraut. Das wird manchmal recht anstrengend. Mir geht es um anderes. Wie schaffe ich Bedeutung? Gebräuchlichkeiten, Lebensumstände ernst nehmen, das ist mir wichtig. Wichtig ist, den Dingen gelassen zu begegnen, sie auf mich zukommen lassen, offen bleiben für das, was kommt. Ob für Möbel oder Bauten, es gilt: Nur so schaffen wir das, was Heidegger neue Bodenständigkeit nennt.[42] **Welche Form kann die haben? Bezüge wirken da. Etwas deutet auf anderes, Zusammenhang entsteht.** Wenn es mir gelingt, Beziehung zu meiner Umwelt herzustellen, entsteht Bedeutung, bin ich verortet. Das macht Sinn, Wertvolles kann sich entfalten, Form annehmen. **Bei diesen Themen versagt Berechnung. Deine Bauten haben zuweilen Bauteile, die der Berechnung geradezu spotten. Die Innenstützen der Waldhütte etwa oder die außen liegenden der Sägerei in Cons. Das ist entschieden massiv. Worum geht es da?** Um Raum. Darum geht es in der Architektur. Wenn die Stützen in der Waldhütte mehr als den statisch geforderten Querschnitt haben, hat der Raum eine andere Qualität. Das statische

---

42 Heidegger, Martin: Gelassenheit, Neske, Pfullingen 1959, 3. Aufl., S. 24.

Optimum hätte verfehlt, was ich wollte: der Öffnung des Raumes in die Ungewissheit des Waldes die Gewissheit der Masse entgegenzusetzten. **Raum also nicht cartesianisch, eigenschaftslose Ausdehnung, sondern im Gegenteil: durch Qualität bestimmt.** Sicher. Eine doppelte Beziehung: Entgegensetzung, aber auch Einheit; beides Mal Holz. Das Fremde wird heimgeholt, das Draußen wird Drinnen, die Behaglichkeit des Holzes ist bewusst eingesetzt. ... Material spielt ja im Verhältnis zu den Arbeitskosten heute eine untergeordnete Rolle. Das war bei der Sägerei in Cons ein Thema. Wir hatten das Holz aus dem Wald, hohe Stämme, die viel zu dick waren. Wir hatten mit den drei Brüdern der Sägerei Leute, die mit der Kettensäge umgehen können wie manche mit Messer und Gabel nicht. Also haben die mit ihrem Instrument die Stämme gefügt, mit Rundholz und Kettensäge ein Haus gebaut, Können ist Architektur geworden. **Mehraufwand an Material wird durch Meisterschaft an der Kettensäge kompensiert und schlägt jeden modernen Ingenieursholzbau mit all seinen kalkulierten Verbindungen.** Eine wunderbare Idee und eine wunderbare Konstruktion. Aber auch da gilt: Auf die Bedeutung kommt es an. Die erwächst aus: was, wann, wie. Diese tolle Kettensägenarbeit ist nicht überall toll. Was die drei Säger außerhalb der Siedlung geschaffen haben, geht mitten im Dorf nicht.

Waldhütte Domat/Ems, 2013.

Minimaler Eingriff

Und doch: Die Faszination dieses direkten, groben Zugriffs bleibt – nicht zuletzt als These angesichts der um sich greifenden Verfeinerung. Dem wäre entgegenzuhalten: Handwerk ist immer Verfeinerung. Allerdings: Es kommt darauf an, wie. Sie setzt in der Regel gezielt an. Und sie ist kein Selbstzweck. Mit Verfeinerung und Veredelung geht der Handwerker sparsam um. Wenn alles edel wird, verliert es sich. Ich erinnere mich, wie meine Mutter erzählte: Als der Großvater von einer seiner Handelsreisen über die Greina zurückkam, brachte er etwas Kleines mit und das hat dann das ganze Haus zum Glühen gebracht. …

Lassen wir den Blick in diesem Teil von Vrin umherschweifen, so sehen wir allerhand Material: viel Holz, aber auch industrielle Halbzeuge, sorgfältig Verbautes neben Abgestelltem, Wertvolles neben Banalem. Diese Eternitwand kann, schön verlegt, neben Holzschindeln oder Schalung durchaus bestehen. Ist nicht entscheidend, wie es gemacht ist? Auf den Umgang kommt es an: Da kann sogar ein in Plastikfolie gewickelter Gegenstand ein blauer Farbtupfer sein. Und die Satellitenschüssel: Vergiss den Plunder, in wenigen Jahren hat sich das technisch erledigt.

Ist das Diagnose oder Prognose? Wir erleben, dass die Welt der Objekte, der fertigen Industrieprodukte die im Umgang entstandenen Dinge verdrängt. Unser Essen ist endlich industrialisiert. Rasend vermehrt sich die Zahl der Konsumartikel. Mit welchem Faktor vermehren sich täglich die Apps? Gleichzeitig schwillt das Klagelied des Kontrollverlusts und Ausgeliefertseins an. Ist eine Wende in Sicht? Natürlich ist das so. Andererseits: Weil es so ist, bleibt es nicht so. Mich erstaunt, wie konservativ gerade die Trendforscher und Kulturpropheten mit ihrer Modernitätsverheißung sind. Gewiss hat sich das bäuerliche Leben hier geändert – technologiegetrieben. Aber welche Entwicklung nimmt die Technik? Sind andere, gar mehrere Richtungen denkbar? Für unser Tal gilt: Landwirtschaft produziert, technikunterstützt, heute Lebensmittel, die eben nicht industriell optimiert sind. Und das hat ihnen auf dem Markt einen sicheren Stand verschafft.

Kulturelle Hegemonie

Das spräche dafür, dass es nicht um Technik an sich, sondern um das Wie geht; Produzenten, Konsumenten sind angesprochen – eine Frage der Kultur. Gramsci hätte gesagt: Es geht nicht um Technik, sondern um kulturelle Hegemonie.[43] Die gewinnt man in den Köpfen. Dafür hast du dich engagiert. Wir wollen einen Bildungsgang für Handwerker in Graubünden installieren aus der Überzeugung, dass neben Landwirtschaft und Tourismus das Handwerk ein Potenzial des Landes ist. Ich denke, das greift ineinander. Handwerk kann ein Anziehungspunkt für Touristen sein. Auf Wechselbeziehung käme es an – nicht die weit verbreitete touristische Vermarktungsstrategie, die Ausverkauf von Kultur ist. Mit dem Biofleisch funktioniert es hier ja sehr gut. Sowenig die Landwirtschaft heute Subsistenzwirtschaft ist, so wenig ist es das Handwerk. Land kann ein Standort sein, gerade für Produktion, kann mit der Produktion in der Stadt verknüpft werden. Um auf unser Projekt „Möbel aus den Bergen" zurückzukommen: Serielles wie die Tischbeine könnte aus der Stadt (Typus) kommen, die Platte aus besonderen Werkstätten der Region (Topos) – mal waliserisch, mal graubündnerisch. ... Dieser Bildungsgang ist eine gemeinsame Initiative mit Österreich, Norditalien. Es geht darum, das Wissen des Handwerks zu vertiefen. Wenn wir von hochwertigen Produkten mit Ortsbezug sprechen, muss das viel mehr reflektiert werden. Handwerk muss heute etwas wissen über Kultur, die eigene Kultur. Handwerker müssen sich auch besser mitteilen können; anderswo heißt das Unternehmenskultur. Natürlich auch die Auseinandersetzung mit neuen Materialien und Techniken. Cross-over kann inspirieren. **Handwerk ist**

---

43 Gramsci, Antonio: Philosophie der Praxis, S. Fischer, Frankfurt 1967, S. 416.

ja eine kulturelle Ressource, die verloren gehen kann, zum Teil schon verloren ist. Die alten Bauten hier haben sparsam und gezielt eingesetzte Ornamente, ins Holz geschnitzt. Wie sicher wirken sie im Vergleich zu vielem, was heutige Architektur wieder zu gewinnen versucht. Auch das ist Zeichen eines Wandels, wie bei den Lebensmitteln, beim Essen. Mit Toast Hawaii kann man heute kaum mehr eine Party bestreiten.** Da gibt es bemerkenswerte Initiativen, zum Beispiel die Entwicklung einer alpinen Küche – wobei sicher die Gefahr besteht, ins kulinarisch Elitäre abzuheben. **Ob man sich vor der Elite so fürchten muss? Gehen Anregungen nicht immer von wenigen aus?** Es ist eine Gratwanderung. Die Industrie hat uns so viel gebracht, ganz toll war das. Aber dann musste sie es mit Design aufhübschen. Das hat nicht gereicht, man brauchte vielerlei Design. Nun kommt die Kommerzialisierung des Eigenen, des Alltäglichen – Regionales als Mode. Das bleibt oberflächlich; es braucht die Rückführung. Das ist ein Prozess, Annäherung. Dann kann man staunen und fragen: Ist nicht das Eigene ganz gut? Und dann muss man daran arbeiten, etwa an den angesprochenen Ornamenten. Ohne Verständnis werden sie hohl, gleicht ihre Dauer einem morschen Holz. **Welche Aktualität von Handwerkskultur ausgehen kann, zeigt eine Figur wie Frank Lloyd Wright. Dieser Revolutionär des Bauens hat Ausdrucksformen entwickelt, die die amerikanische Baukultur im 20. Jahrhundert geprägt hat. Das ist im Handwerklichen begründet und gehört nun zum Grund-**

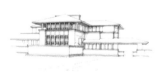

Frank Lloyd Wright, Willits house, 1902.

wortschatz der Moderne. Entfalten konnte es sich dank des kulturellen Raumes, auf den diese Haltung traf. Wer sagt, dass dies einmalig ist? Es ist heute ein anderer Rahmen, aber die

Beziehungen untereinander könnten verwandt sein; wir haben verlernt, danach zu fragen. Darüber muss man die Debatte führen. Wir versuchen ja, einen „normalen" Tisch zu machen – normal wie es hier ist. Und anderswo anders. Dafür müssen wir unsere Wahrnehmung, auch ästhetisch, schärfen.

Gute Orte

Das wären Themen deines Traums von einer Schule. Warum hier? So etwas muss an einem spezifischen Ort stattfinden. Wenn man solche Dinge in den Zentren abwickelt, berührt das keinen Menschen. Wenn es aber Vrin ist oder Kloster Disentis oder Kloster Müstair, dann ist die Wirkung eine ganz andere. Wir wollten die lokalen oder regionalen Betriebe dafür gewinnen, das ist bisher kaum gelungen. Die Freaks aus den Städten, die kriegen wir schon. **Technische Innovation ist ein Thema. Industrie samt Verbänden und Schulen schwatzt den Handwerkern auf: Wir machen doch alles schon so gut und billig, ihr müsst es nur noch einbauen – aber bitte so schnell, effizient, rational wie Maschine oder Fließband oder Roboter. Das ist keine Technologie, die dem Handwerksbetrieb entspricht. Steven Hill, ein Publizist aus Silicon Valley, warnt uns Europäer, bei der Digitalisierung ein „Klon der USA" sein zu wollen. Viel wichtiger als Lösungen für die großen Konzerne seien solche für mittelständische Unternehmen. „Mein dringender Rat an junge Digitalunternehmer und angehende Start-up-Hipster: Geht raus aus Berlin, lasst München und Hamburg hinter euch. Geht nach Meschede."[44] Soll man ergänzen: Geht raus aus Zürich, geht nach – warum nicht – Vrin?** Das ist sicher ein komplexer Zusammenhang. Es geht auch nicht nur um Fertigung, es geht

---

44 Hill, Steven: Die Start-up Illusion, Knaur, München 2017, S. 160.

auch um die Stoffe. Wer mit industriellen Holzwerkstoffen arbeitet, muss nicht wissen, wie Holz sich verhält, das ist dann schon ein Entfremdungsprozess. Die interessantesten Handwerker dagegen sind die, die sagen: Das interessiert mich nicht. Die interessieren sich nur dafür: Was ist mein Grundstoff und was vermag er. Aber die Verlockung der Industrie ist verführerisch. **In Deutschland gibt es Hinweise für einen Wandel; immer weniger Leute wollen sich mit den Halbleichen aus den Hühnerfabriken abspeisen lassen. Seid ihr da möglicherweise weiter, ist das gar kein Thema mehr?** Eigentlich ist das in den letzten Jahren in der Region gut gelungen, Marken für Ökoprodukte zu entwickeln, aber auch Orte wie Vrin über den Strickbau zu definieren. Das hält nicht ohne Weiteres an. Das zu reflektieren, wäre Aufgabe einer solchen Schule. Selbstreflexion – des Ortes, des Handwerks. Kultur ist früher sozusagen einfach, fast von selbst, entstanden, heute müssen wir das reflektieren, bewerten, entscheiden. Technisches Know-how reicht nicht – um unseren Ort in der Welt geht es. Den zu finden, braucht Kraft. **Einer alleine ist da schnell überfordert. Das braucht Verbündete, gerade auch Verbündete aus der Stadt.**

Strickbau

Nach Lehre und einiger Zeit Arbeit als Schreiner stand dann
der große Schritt an: hinaus aus dem Tal, hinein in die Welt.
Kunstgewerbeschule Zürich, Kunstschule Florenz, dann wieder
Zürich, Nachdiplomstudium an der ETH. Der Weg zum Bauen
war ganz klar. Gleichzeitig haben dich deine Wege immer wieder
nach Vrin zurückgeführt und du hast begonnen zu bauen: hier,
anknüpfend an das, was vorlag. Und über viele Jahre hast du
eine bemerkenswerte Auseinandersetzung mit der hier üblichen
Art zu bauen geführt: dem Strickbau.

Der Typ
Dabei handelt es sich um einen Umgang mit Holz, der sich
grundsätzlich vom Ständer- oder Fachwerkbau des Unterlandes
unterscheidet. Nicht Pfosten werden gestellt und mit Balken
verknüpft, sondern Stamm wird auf Stamm gelegt und über
Ecke verzahnt, gestrickt. Alvin Seifert spricht vom Mauern mit
Holz. Den Strickbau findet man
jedenfalls im ganzen Alpenraum,
dann über den Karpatenbogen bis
hoch nach Skandinavien. Stämme
aufeinander zu legen ist doch
viel einfacher, als sie aufrecht

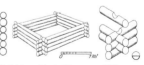

Strickbau. Nach: Hermann Phleps:
Holzbaukunst, der Blockbau, Karls-
ruhe 1942.

zu stellen, zu verknoten, mit Zapfen, Überblattung, Ver-
strebung zu sichern. Aber „Stricken" bringt auch eine eigene
Logik hervor – konstruktiv, geometrisch und räumlich.

Die Ähnlichkeit der Holzquerschnitte und Längenmaße, die im Sinn einer gleichmäßigen Wand notwendig sind, tendiert zum Quadrat. Dabei ist es nie ein genau abgemessenes, präzises Quadrat. Hier überwiegt das leicht gestreckte Rechteck. Die Raumnutzung steht im Vordergrund, die Geometrie bleibt im Hintergrund. Was nicht heißt: Es gibt sie nicht. Aber die Zurückhaltung erkennt man auch daran, wie die reine Figur gemieden wird; Abweichung erzeugt Spannung. Schön ist, wenn du die Absicht nicht erkennst. Eine gewisse Vernachlässigung macht das Ideal erträglich. Perfektion kann unerträglich werden – sie lässt eigentlich Abweichungen nicht zu. Die Häuser hier im Tal waren so gebaut, im Nachbartal etwas anders, unterscheidbar und doch sehr ähnlich. Da zeigt sich die Kraft des Weiterbauens im fast Gleichen. **Das ist für dich in dieser Zeit der Strickbau, hier typisch und in langer Tradition gepflegt.** Tradition und Typus sind für mich das, was sich bewährt hat. Nur mit dieser Grundhaltung kann ich den Strick weiterdenken. Das führt dazu, dass man bei der Herstellung wiederholt, korrigiert, auf geübte Weise vorgeht, was ja fast schon ein Synonym für Qualität ist. Hier in Vrin war die Lebensgrundlage schmal, es gab nur eine begrenzte Zahl an Möglichkeiten, bei Material wie bei Technik. Das ergibt gezwungenermaßen diesen Haustypus, den man immer versucht hat zu verbessern – in relativ kleinen Schritten. Es ging zuerst mal immer nur um die Verbesserung einer sehr engen Existenz. Dann erkundet man andere Möglichkeiten – aber in meiner Erinnerung war der Raum eng, den Spielraum sah man nicht. Wenn du am Berg ums Überleben kämpfst, zählt nur das Naheliegendste. In gewissen Momenten aber, da gab's dieses Spiel, die Neugierde auf anderes, auf Fremdes – das ist wichtig, da zeigt sich das Eigene. Das braucht aber Raum und der war äußerst knapp. Heute ist viel mehr von so einem Raum vorhanden und wir müssen lernen, richtig damit umzugehen – wie spielt man dieses Spiel der Variationen, damit die Bedeutung, das Wertvolle, nicht verloren geht. **Das Bild der Häuser hier ist auf den ersten Blick von großer Homogenität geprägt – und auf den zweiten Blick gleicht keines dem andern. Es gibt unterschiedliche konstruktive Lösungen, es gibt durchaus auch Schmuck – der scheint Beiwerk des Nützlichen zu sein. Ist es möglicherweise gerade anders herum: Schafft nicht das Spiel, das Ausprobieren Anregungen zur Verbesserung?** Im Vordergrund steht der Typus, der bleibt erkennbar. Die Häuser sind gleich, aber fein nuanciert, da zeigt sich ein feiner Spiritus, auch der Wille, aus dieser Enge auszubrechen. Und doch sind die Häuser sehr ähnlich – das Thema des fast Gleichen hat sich mir aufgedrängt, als Qualität. Fast gleich heißt eben: nicht kongruent, exakt kopiert. Das wäre Monotonie, das wäre schlimm. Das fast Gleiche dagegen: faszinierend, Ort-prägend, mit starker Wirkung. Das schafft Identität. Identität gibt es nicht ohne Differenz. Darum ist mir die Differenz in meiner Architektur so wichtig. Differenzen dürfen nicht verschwinden, ohne Differenzen haben wir keine erkennbare Zugehörigkeit. Da ist Spiel drin.

Das Spiel

Ludwig Wittgenstein hat ja das Spiel zu einem der Hauptthemen seiner späten Überlegungen gemacht. Er spricht von Sprachspiel und davon, dass die Bedeutung eines Elements im Gebrauch in diesem Spiel liegt. „Die Bedeutung eines Wortes ist sein Gebrauch in der Sprache."[45] Man könnte analog sagen: Im Gebrauch gewinnen die Dinge ihre Bedeutung. Das ist ein

---

45 Wittgenstein, Ludwig: Philosophische Untersuchungen, Basil Blackwell, Oxford 1953, S. 20.

ernsthaftes Spiel. Dinge wandeln sich, bekommen eine eigene Note. Das kann die Haustüre betreffen, aber auch die Wandverkleidung, ein Vordach. Das geschieht im Rahmen des Typs, der sich bewährt hat, weil wir mit ihm umgehen. **Im Wittgenstein'schen Konzept stellt das Spiel des Spiels, der Gebrauch der Wörter, Regeln auf, deren Legitimität in nichts anderem besteht als darin, dass sie gelten. Der Gebrauch legitimiert, der Gebrauch ist aber keine höhere Wahrheit, die für sich existiert.** Der Typ ist aus dem Gebrauch entstanden, der Ort hat da seine Regel gefunden. Spiel dagegen: Das ist ausbrechen. Leben ist Regelverletzung, doch die Regeln erwachsen aus dem Leben – ein Wechselspiel. Das Ausbrechen aus dieser Beschränktheit war immer auch ein Ziel. Und doch: Vorsicht, verletze die Spielregeln nicht, sonst entsteht Leid. **Das Fußballspiel liegt nahe – du warst ja begeistert dabei. Ein Spiel ohne Regeln ist unvorstellbar. Übrigens war eine der wenigen Regelergänzungen der letzten siebzig Jahre im Jahr 1950 die Festlegung, dass FIFA-Spiele mit Schuhen gespielt werden. Wird das Spiel dadurch „wahrer"? Regeln im Spiel werden wirklich, indem gespielt wird. Nur so haben sie Bedeutung. Umgekehrt: Die Freiheit des Spiels entfaltet sich nur im geregelten Spiel. Was ist die Regel ohne die Freiheit der Spieler?** Fußball zeigt, wie etwas seine Wirkung entfalten kann. Wer Spaß haben will, muss die Sache ernst nehmen, hat Sepp Herberger gesagt.[46] Und doch muss man als Spieler locker sein. Ist es intensive Lockerheit? Die Regeln gelten auf der ganzen Welt und doch gibt es das Spiel der Brasilianer, der Deutschen. Dem einem klebt der Ball am Fuß, der andere hat einen Wahnsinns-Bums, und wenn einer richtig

---

46 Herberger, Sepp: Zitat bei Michael Langer: Fußball, sein Leben, Sendung zum
   70. Geb., Deutschlandfunk, 10.10.2006.

daneben ist, wird er rausgenommen. Das können wir in der Architektur nicht. **Fast ein Spiel ist die intensive Auseinandersetzung mit dem Strickbau in deinem Schaffen.**

Die ersten Schritte

Ja, und am Anfang war es noch ganz unreflektiert, die Übernahme von dem, was da ist. Es braucht Zeit, bis man anfängt nachzudenken. Am Anfang hielt ich mich genau an die Regel, ich wollte spielen, ich wollte nicht vom Platz gestellt werden. Ich wollte keine rote Karte; Verwarnung gab's immer. Ohne Vertrauen hast du geringe Chancen. **Dann kommen neue Ideen. Soweit ich sehe, erst mal beim Stallbau, wo du mit einem System von Elementen strickst.** Es war ein Stricken, aber nicht das Blockhafte des Strickbaus. Ich hatte jedes Jahr den Auftrag, einen Stall zu planen – größere Bauten, wenn auch nicht so groß wie heute, in kurzer Bauzeit, standardisiert. So kamen wir zu vorgefertigten Elementen in Rahmenbauweise, die „gestrickt" wurden. Mir ging es um Erkennbarkeit. Wichtig war mir: Ich gehe an so einem Stall vorbei, sehe etwas fast Gleiches; das erinnert mich, ich weiß, ich bin in einem speziellen kulturellen Umfeld. **Entscheidend sind nun nicht mehr die übereinandergelegten Balken, sondern die Ecken und Wandanschlüsse der Wandtafeln.** Der größte Teil der Stallwand ist Bretterverkleidung, nur an wenigen Stellen zeigt sich das Stricken der Elemente. Das muss stark sein. Gerade dieses Kokettieren schafft Spannung. Das genügt, um zu wissen, was dahinter ist. Nicht nackt, sondern dezent verhüllt. Das regt an. **Dann gibt es Bauten, die zeigen die Balken wieder,**

Ställe 1996–2004.
Detail gestrickter Rahmenelemente.

aber nicht dicht gefügt, sondern auf Distanz – die Wand wird ein luftiges Gefüge. So bei den Ställen beim Schlachthaus. Da ist ein Gerät eingestellt zur mechanischen Heutrocknung und ich

wollte die Option behalten, dass das Trocknen an frischer Luft auch wieder möglich sein soll. Das konstruktive Balkengefüge ist stabil. Es drückt sozusagen mein Misstrauen aus, dass die Art, wie wir heute mit Heu umgehen, von langer Dauer ist. Ich wollte andere Wege offenhalten, nicht alles

Schlachthaus Vrin, 1998. Gestrickte Fläche.

bis ins Letzte definieren. Ob daher meine Idee des Zweckfreien kommt? Das ist mir zunehmend wichtig geworden. Möglichkeiten bieten, ohne sie zu fordern, zu erzwingen, Optionen offenlassen ... Das ergibt Mehrdeutigkeit, die ist mir wichtig. Dazu braucht's etwas Starkes, in sich Stehendes, Autonomes. Ein Teil des Architekturdiskurses, wie ihn die Biennale 2016 gezeigt hat – einerseits wird mehr Soziales, mehr Partizipation gefordert, andererseits rein autonome Architektur – scheint mir verkürzt. Ich will mehr Soziales durch eine Architektur, die autonom ist; entschieden, aber nicht ausschließlich. Nicht nach Schema, sondern immer wieder durch das Soziale, den Ort, den Topos herausgefordert. Zum Schluss muss ein gutes Haus sagen: Ich bin nicht ein Gegenstand, ein Objekt, sondern ich bin jemand, ich bin ein Partner für dich, Mehrdeutigkeit, Offenheit müssen enthalten sein. Das schafft gegenseitige Beziehung.

Reife

Nach einigen Jahren kommst du dem ursprünglichen Kanon des Strickbaus wieder sehr nahe: Balken auf Balken, die Ecken gestrickt. Nun kommt das Gefüge in den Blick, das Stehen der

Wand selbst durch die senkrecht eingebundene Wand. Fast zwangsläufig wird das dreidimensional, die Wand wird zum Körper. Da ist es dann ein schönes Spiel geworden. Mit den Regeln intus ausloten, wie weit man gehen kann, und aufhören, bevor es bricht. Das Grundprinzip ist die Zelle – die hält alles zusammen. Prägnant sind die Ecken, aber die müssen zu einem umlaufenden Gefüge geschlossen werden, dann steht die Konstruktion. Und der ganze Möglichkeitsraum hat sich geöffnet und wir können virtuos damit umgehen. Dann haben wir die Grenzen dieser Bauweise erreicht, die bei den Längen von Wandöffnungen liegen. **Man hat den Eindruck, nun ist Reife erreicht, auch gewisse Standards, etwa bei den Abmessungen. Das Massivholz hat meist im Querschnitt die Abmessung von 12 cm / 20 cm.** Ja, da glauben wir heute zu wissen, wo das Limit ist. Und ich bin der festen Überzeugung, darüber hinaus ist Schluss. Wenn du weiterwillst, vergiss den Strick, suche ein anderes System. Der Strick ist schön, aber darüber hinaus – hör auf! Man muss die Logik der Konstruktion begreifen, dann erkennt man Grenzen; dann machen Grenzen Sinn. Wir haben diese Bauweise an zahlreichen Wohnhäusern erprobt und immer neue Ergebnisse an Dimension und Atmosphäre erzielt. Die Bandbreite ist ja enorm und sie wird noch größer, wenn ich kombiniere – Strick und Holztäfer oder Schindel, gemauerter Kern in gestrickter Schale, wie im Haus Rumein, auch gestrickter Kern und gemauerte Schale, wie in Fürstenbruck. Der Strick ist übrigens lange

Haus Walpen, 2002.

Haus Segmüller, 2001.

verkleidet worden, ihn ästhetisch zu zelebrieren wie derzeit, macht man erst seit einer Generation.

Ritual

Die Idee der Raumzelle als Kern des Strickbaus lässt sich ja nicht nur auf den genutzten Raum beziehen, sondern auf die raumbildende Wand selbst. Die Totenstube stellt in dieser Hinsicht einen Höhepunkt dar, der Strick wird fast zum Ritual – Nutzung und Bau entsprechen einander in hohem Maß. Der Tod ist ja keine alltägliche Aufgabe der Architektur; nach Loos[47] beginnt sie hier geradezu. Für mich war die Totenstube eine der intensivsten Auseinandersetzungen mit Architektur, die ich bisher geführt habe. Genauer: Nicht der Tod, sondern die Verdrängung des Todes wurde zum Thema. Das Ringen mit der Gemeinde um Räume, die dem Abschied, dem Gedenken, dem Übergang gewidmet sind. Für die Verarbeitung der Trauer, Hauptthema bei der „Stiva da morts", ist das Ritual eine entscheidende Hilfe – es garantiert Kontinuität und Einzigartigkeit. Es bedarf einer ausgewogenen Balance zwischen Erhaltung und Veränderung ... Wege spielen eine entscheidende Rolle. Das Haus hat zwei Zugänge, der Besucher entscheidet über den Zugang. Es hat zwei Räume, einen für die Aufbahrung, einen für gemeinsame oder alleinige Besinnung. Es hat nur einen Ausgang: Der Sarg wird über Gasse und Dorfplatz zum Friedhof getragen. **Die Betonung der Fügung beim Strickbau scheint ihn für diesen Bau geradezu zu prädestinieren.** Bindeglied und Übergang sind die Themen. An der entscheidenden Nahtstelle der beiden Räume ist die gestrickte Verbindung der Hölzer

---

47 Loos, Adolf: Ornament und Verberbrechen, in: Trotzdem, Wien 1982 (Innsbruck 1931), S. 78.

offensichtlich, die Konstruktion der Wände wird von hier verständlich: Ihre Zweischaligkeit wird zur Zelle geschlossen. Die Fenster sind schmal, mit unterschiedlicher Tiefe, es ergeben sich wechselnde Nischen. Das Fenster wird selbst Raum, der Mensch kann selbst bestimmen, was er sehen will und ob er gesehen werden will. ... Der Übergang wird durch eine besondere Holzschwelle markiert, über die der Sarg getragen wird. Das Haus selbst verknüpft den profanen und sakralen Raum, der Hierarchie der Haustypen im Dorf wurde ein neues Element hinzugefügt. ... Die Behandlung des Holzes unterscheidet das Haus vom üblichen Strick: Außen ist es mit weißem Kasein

Treppenauge „Stiva da morts". Der Strick, in vier Richtungen geführt, wird zur Raumzelle.

gestrichen und sucht den Bezug zur gekalkten Kirche – ein ähnlicher Veredelungsprozess wie beim Steinbau der Kirche. Im Innern erfährt das Holz gleichfalls eine Veredelung: mit Schellack. Das Holz erhält einen besonderen Glanz.

Thema und Variation
Gerade im Inneren gewinnt der Bau fast den Charakter eines Musikinstruments. Da liegt nahe, den Entfaltungsspielraum dieser Bauweise mit dem Thema und der Variation in der Musik zu vergleichen: Wer kann, für den gibt's kaum ein Limit.   Auch wenn's nicht genau dasselbe ist: Hier fallen mir die Beobachtungen von Tomáš Valena[48] ein, Typos und Topos betreffend. Topos, das sind die Eigenschaften, die der Kultur, dem Gelände, dem Klima ge-

48 Valena, Tomáš: Typos und Topos, in: Beziehungen. Über den Ortsbezug in der Architektur, e+s, Berlin 1994.

schuldet sind – dem besonderen Vermögen der Menschen. Nun ginge es darum, den Typ so zu verwandeln, dass er dem konkreten Fall, dem Topos, angemessen ist. **Es ist ein Wechselspiel – das Ideal und der konkrete Fall. Und weil es ein Wechselspiel ist, geht jede einseitige Verabsolutierung fehl.** Und es ist das Allerschönste, was ich heute, hier und jetzt, erfahren kann, denn aus diesem Ineinandergreifen entsteht Spannung, entsteht Lebendiges. Das ist kein Geringes. Nur Lebensintensität, so hat Mies van der Rohe festgestellt, hat Formintensität.[49]
Die wiederum hat mit Differenz zu tun – dem Besonderen, das ich unterscheiden kann. Das gibt Kraft. Das freilich wird erst möglich durch sein Gegenstück: Indifferenz. Dem heiligen Ignatius war das ein wichtiges Stichwort seiner Exerzitien: Sie sollten ihm helfen, mit Großmut und Gottvertrauen den Lauf der Welt zu ertragen; den andern ihre Eigenheiten lassen; sich nicht auf Eigenes zu versteifen. Es macht doch gerade die Stimmigkeit eines Dorfes wie Cons aus, dass der Stefan seine Tür nach seinem Gusto machen konnte – das ist der Nachbar hier, der im hohen Alter seine Zeit mit Holzhacken und Werkeln am Haus verbringt. Stimmig ist, dass jeder seine Momente ausleben

Das Haus, die Türe von Stefan.

kann. **Man könnte sogar fragen: Gibt es den Typ überhaupt ohne Variation?** Jedenfalls wäre das schlechte Monotonie, Kasernenhof. Was Variation ohne Typ anrichtet, sehen wir im Speckgürtel um Städte und Dörfer: Vielfalt ohne jede Kraft.

---

49 Mies van der Rohe, Ludwig: Über die Form in der Architektur. Aus dem Nachlass, in: Anschauendes Denken, Frankfurt 1981, S. 311. Zitat bei Fritz Neumeyer: Das kunstlose Wort, Berlin 1986, S. 318.

Vernakulär

Es ist nicht zu übersehen: Das Land wird wieder Thema. Kongresse werden abgehalten, Zeitschriften widmen sich der Sache; was einst auf dem Land zu Hause war, wird Steckenpferd der Städter – Stichwort Urban Farming. Und im Architekturdiskurs ist ein Begriff zurück: das Vernakuläre. Das gab's schon mal, in den 1950er-Jahren in England, in den 1930er-Jahren in den USA[50]. Gleicht das nicht dem, was die Postmoderne machte? Nach neuen Bildern suchen? Natürlich gibt es das Thema schon lang, ich denke etwa an den Heimatschutz. Der wollte eher sanfte Bilder, die neuen Vernakulären dagegen wollen Erhabenes, fast Aggressives. Mir scheint aber selbst der Heimatschutz als Suche nach verbindlichen Bildern fragwürdig. Lucius Burkhardt sagt, man solle weniger die Bilder, viel mehr die Urheber schützen – diejenigen, die das gemacht haben. Oder wie der japanische Haiku-Dichter Basho sagt: Sucht nicht nach den Spuren der Alten, sondern sucht nach dem, was die Alten suchten.[51] Kaum anders Bruno Latour: „Man wird nicht als Traditionalist geboren; man entscheidet sich dafür, es zu werden, indem man viele Neuerungen einführt. ... Wir können nicht in die Vergangenheit zurückkehren, zur Tradition, zur Wiederholung. ... Der Gedanke einer identischen Wiederholung der Vergangenheit und der eines radikalen Bruchs mit jeder Vergangenheit sind symmetrische Resultate derselben (falschen) Konzeption der Zeit."[52] Für den Architekten wird Vergangenheit

---

50 Initial für England: Gründung „The vernecular architecture group"1952; für USA: Arbeiten des Pioniers Fred B. Kniffen Mitte 1930er Jahre; grundlegend: Bernard Rudofsky: Architecture Without Architects, New York, 1964.

51 So der Haiku-Dichter Bashô, zit. bei: Ute Guzzoni: Das Wohnen und der Raum – Überlegungen im Ausgang vom Denken des späten Heidegger. Veröffentlichung der Fachhochschule Kärnten, Spittal an der Drau 2014, S. 10.

52 Latour, Bruno: Wie sind nie modern gewesen, Suhrkamp, Frankfurt, 2015, S. 102.

dann fruchtbar, wenn sie aus der Gegenwart befragt wird. Dann kann sie den Blick in die Zukunft inspirieren. Das wäre für mich virtuelle Wahrnehmung, dieses Potenzial aufzuspüren. Tradition ist, nicht nur im Sinne Latours, in der Gegenwart begründet: Es gibt die Erfahrung des Verlustes von etwas Wertvollem, das abhandengekommen ist. Von daher beginnen wir zu fragen. Ich bin mir ziemlich sicher, meine Großväter kannten das nicht. Die sprachen nicht von Tradition, sie lebten so etwas. Sie waren gezwungen, im Jetzt zu handeln, wir heute können uns dafür entscheiden – ein Freiraum, doch nicht immer einfach.

Krise

Könnte man sagen: Tradition ist Krise – also ein Hinweis, dass die Gegenwart in der Krise ist? Gibt es Beziehungen ohne Krise? Ohne Irritation, nur im Einverständnis und Konsens droht Leblosigkeit. Wenn wir von einer Architektur der Beziehung sprechen, dann auch von Krisen, die uns zu fragen veranlassen, auch nach dem, wie vor uns mit Problemen umgegangen wurde. Das wäre die Tradition der Neuerung. Um nicht missverstanden zu werden: Einverständnis ist notwendig, unbedingt. Aber gewonnen wird es im Umgang mit der Krise, indem wir Dinge in Bewegung bringen. Und die Erinnerung an das Einverständnis motiviert uns in dieser Anstrengung; andernfalls wären wir hilflos. **Tradition und Neuerung sind aufeinander bezogen. Die Neuerung kann sich über die Tradition nur hinwegsetzen, indem sie auf sie zurückgreift – ein Wechselspiel. In den Worten Latours geht es darum, „der ewigen Leier einen Wink, einen Stoß, etwas Umwerfendes hinzuzufügen, nur eine Kleinigkeit, irgendetwas, das dem banalen Satz von innen her das Siegel des Authentischen**

verleiht."[53]   Damit ist Gegenwart anders – sie ist nicht „der Angriff auf die übrige Zeit", wie Kluge es gesagt hat.[54] Gegenwart: Das sind noch immer die Häuser, die wir bewohnen, die Plätze, auf denen wir uns aufhalten – nicht Tankstellen und Flughäfen und Supermärkte; das sind Ausflüchte. Unsere Probleme sind hier, jetzt.   **Mit den Worten von Stephen Toulmin: „Wir können uns von unserem Erbe nicht abkoppeln."**[55] Wenn wir aber das Erbe, den Kontext nicht aushalten? Wenn all das unerträglich ist? Wenn ich ausbrechen muss? Aber so kommt man nicht weg. Das Erbe klebt an den Fersen. Weg kommt man, wenn man diesen Zusammenhang begreift, das Erbe nicht als Monolith, sondern als Geschehen erfährt; wenn man die Risse bemerkt, dort die Kräfte der Veränderung ansetzt. Mit der Faust auf den Tisch hauen: Was bewirkt das? Was dagegen: „Sorgfalt, Bedenken, Aufmerksamkeit, Sammlung, Reprise", wie Latour sagt. Ergänzen würde ich: List.   **Wussten die Bergler das?**   Ob sie es wussten? Solange sie die große Geste anderen überließen, war es gut. Als sie glaubten, die können sie auch, begann die Krise.

Siat

Man kann deine Beschäftigung mit dem Strickbau eine Entfaltung der Potenziale dieser Bauweise nennen. Ausgehend von der aufgetrölt oder gestrickten Eckverbindung mit Vorstoß in den

---

53   Latour, Bruno: Jubilieren, Suhrkamp Taschenbuch, Berlin 2011, S. 113.
54   Kluge, Alexander: Der Angriff der Gegenwart auf die übrige Zeit, Syndikat/EVA, Frankfurt am Main 1985.
55   Toulmin, Stephen: Kosmopolis. Die unerkannten Aufgaben der Moderne, Suhrkamp, Frankfurt 1991, S. 286.

alten bäuerlichen Bauten Graubündens, kulminiert dies im Totenhaus in Vrin aus dem Jahr 2002. Von nun an variierst du das erreichte Niveau meisterlich, bereicherst es durch neue Elemente. Doch es ist nur noch ein solches Haus pro Jahr. Neue Themen sind hinzugekommen. Ich mache nie eine Konstruktion aus Vorliebe; sie muss mit dem Ort und der Aufgabe zu tun haben.

Verzahnung und Zellbildung

Ein Beispiel ist das Gästehaus in Siat aus dem Jahr 2011, ein kleines, feines Haus mit gehobenem Anspruch und mehrfach ausgezeichneter Küche. Seine Architektur folgt zwei Prinzipien, mit denen du den Strickbau beschreibst: Verzahnung und Zellbildung. Mit diesen Begriffen lässt sich das ganze Haus beschreiben. Das trifft in mehrfacher Hinsicht zu. Zum einen wird die heutige Wand aus energetischen Gründen zwei- oder mehrschalig. Ganz neu ist das nicht: Das Appenzeller Haus hat einen Mantel aus Schindeln, das Engadiner einen aus Stein. Dabei werden die Probleme schon deutlich: Schindel machen die Setzungen einfacher mit, beim Stein muss man konstruktiv anders reagieren. Dann gibt es das Kleid der Innenverkleidungen, etwa die Stube im Voralpenland. Beim Haus in Siat gibt es vielfältige Kombinationen – zweischaligen Strick, Strick mit innerer Holzverkleidung, innere Holzverkleidung mit verputzter Ziegelwand, verputzte Ziegelwand mit äußerer Sichtbetonschale. Dafür gibt es mehrere Gründe – einer ist der Brandschutz bei sehr enger Nachbarbebauung. Das ist der konstruktive Aspekt, ein anderer ist der räumliche.

Gästehaus „Ustria Steila", Siat, 2011.

Wir haben diesem eher kleinen Haus individuelle Räume gegeben; das wäre das Prinzip Zelle. So ist das ganze Obergeschoss, die Gästezimmer, ein Strickbau – zweischalig oder mit Innenverkleidung. Das zeigt sich außen, durchaus auch etwas expressiv, mit pfettenartigen Wandvorstößen.

Das Geschoss der Gasträume hat mehrere Räume mit je ganz eigener Stimmung. Konstruktiv dominieren Ziegel, Putz und Beton, im Raumeindruck kommt Holz dazu, der die Beziehung zu den Gästezimmern schafft. In der Außenan-

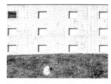

Detail Fassade Gästehaus „Ustria Steila", Siat.

sicht tritt besonders der Gastraum hervor, weiß geputzt zwischen dem Holz des Dachgeschosses und dem Grau des Betonsockels. ... Das ist vielleicht das Gegenteil einer systematischen Konzeption. Das Haus ist entlang der Raumgefühle zusammengesetzt, situativ. Das ist natürlich an der Grenze – kippt es schon? Geht die Autonomie des Hauses verloren? Ist es zu nah an mir, dem Nutzer? Wenn das konsequente Systemhaus am einen Ende einer Skala von Möglichkeiten steht, markiert dieses hier vielleicht das andere. **Wenn Strickbau mit den Begriffen Zelle und Verzahnung definiert wird, ergibt sich etwas Changierendes, Schillerndes.** Er ist jedenfalls kein reiner Systembau wie etwa Holzrahmenbau. Er hat eine strenge Logik, aber er spielt auch mit Raumstimmungen und starker Sinnlichkeit. Dieses Zwiespältige zwingt einen, sich zu verhalten – und eröffnet Möglichkeiten und damit Kombinationen.

Fügung und Ornament

Wenn man ums Haus und durch das Haus geht, stellen sich immer wieder Assoziationen zu Carlo Scarpa ein.[56] Der war gewiss sehr individuell, wohl auch emotional, das ist ernst zu nehmen. Was er macht, zeigt auf jeden Fall eine ganz eigene

Raumauffassung, ganz anders als die Systematik nördlich der Alpen. Zum einen: eine starke Betonung sinnlicher, materieller Aspekte; zum anderen: fließende Übergänge, Überlagerungen, weniger scharfe Schnitte, Beziehungen. **Der Kult der Fügung, ein Verknüpfen bis hin zu Verknüpfungselementen, die – das wissen wir seit Semper – aus**

Carlo Scarpa, typisches Detail. Publikation, Köln 1994.

der Naht rhythmische Strukturen und Ornamentales hervorbringen. Das Haus ist ein Modellieren mit verschiedenen Materialien, ein Fügen, Verknüpfen, Verziehen, Verzieren – nicht ohne Logik. Der wichtigste Raum im Haus, die Gaststube, zeigt sich außen, ohne abzubilden, ist innen sorgfältig detailliert, hat eine Deckengestaltung aus Holz mit einer blauen Mitte aus Textil, was der Akustik zugutekommt. Etwas, das in der Gastronomie oft vergessen wird. **Das ist eben keine bloß optische Raumgestaltung, sondern der Speiseraum der Gäste ist im Hinblick auf das Wohlbefinden der Erholungsuchenden sehr sorgfältig bedacht.** Das ist mir sehr wichtig, gerade die Dinge, die man nicht sieht. Was ist die Akustik eines Speiseraums am Abend, was die eines Tanzsaals, was die einer Pilgerstube? Beim Projekt „Waldhütte" ging das sehr weit: Wir wollten eine Stille, bei der man sich plötzlich selbst hört, wie man es alleine im

---

56 Scarpa, Carlo: Fondazione Querini Stampiala Venice, Mondadori Electa, Milano 2007.

Wald erlebt. Wenn sich Raumbildung um den Menschen dreht, die Beziehung Materie-Mensch, dann gibt es keinen anderen Weg. **Aufmerksamkeit und Hingabe, darum wird man nicht herumkommen. Jeder Gastraum in Siat hat seine eigene Atmosphäre. Logisch, dass der angeschlossene, offene Raum ganz anders ist.** Dieser Raum ist ein Aktivraum. Da ist Bewegung, da geht man durch, da ist die Essensausgabe, da ist das Buffet, es gibt auch Sitzgelegenheiten. Das ist der Alltagsraum, der Gastraum für die Leute aus dem Dorf. So ein Raum ist robuster, hat eine kräftige Holzbalkendecke, hat eine gestreckte Proportion. Es gibt mehrere Zugänge und kein ruhiges Zentrum. Die Raumgestaltung richtet sich nach dem, was sich dort ereignet, und stärkt es. ... Aber das braucht auch Disziplin. Raum ist nicht nur vom Nutzer bestimmt und der Nutzer gewiss nicht nur vom Raum. Beide sind autonom. Dies und ihre Beziehung müssen in ein Gleichgewicht gebracht werden. **Es gibt wohl auch ein Übermaß an Aufmerksamkeit; aus Sorgfalt wird Fürsorge, aus Behutsamkeit Behütung. Da muss Architektur gegenhalten.** Ich habe ja meine liebe Not mit der autonomen Architektur. Aber das gilt auch für den super-anthropologischen Ansatz, Partizipation bis zum Letzten. Das unterschätzt, dass es die Dinge – solche Dinge wie Bauten – sind, die Handlungen der Nutzer initiieren. Also dürfen sie gerade nicht ausschließlich auf ihn bezogen sein. Beide Ansätze führen in ihrer Ausschließlichkeit in die Irre und interessieren mich nicht.

An die Grenze

Es ist eine Gratwanderung, wobei du im Siat wohl in Grenzbereiche vorgestoßen bist. Ja, das spüre ich. Weiter würde ich jetzt auch nicht mehr gehen. Aber Grenzerfahrung ist wichtig. Im Gasthaus in Valendas ist die Architektur ausgeprägter. Aber das war auch eine andere Bauaufgabe: dort ein öffentliches Haus, hier ein fast privater Rückzugsort. Da sind unterschiedliche Reaktionen zulässig. **Meisterschaft – so deine in Sachen Strickbau – birgt die Gefahr, manieriert zu werden.** Solange du das noch merkst, geht es. Wenn du meinst, jetzt bin ich der absolute Meister, dann ist Schluss mit deiner Entwicklung. Also: Aufpassen! Wo kippt es? Wenn die Bilder überhandnehmen, wenn man sich zu frei wähnt, wenn die Rückbindung verloren geht oder auf die leichte Schulter genommen wird – sei es an den Nutzer, den Ort, den Stoff. Aufpassen! Auf jeden Fall und vor allem: beim Raum bleiben, Zurückhaltung mit den Gestaltungsmanövern. Auch wenn mir Details wichtig sind: Sie müssen entstehen, einer Logik der Sache folgen. **Das ist aber kein Einwand gegen die Stimmung eines Raumes und ihren Entwurf. Nur ist anzustreben, dies mit räumlichen Mitteln zu erzielen.** Auf jeden Fall. Und das setzt viel mehr Energie und Vorstellungskraft im Entwerfen voraus, als wenn man nachträglich Raumgestaltung macht, mit Material und Farbe spielt. Die richtige Wahl der angemessenen Atmosphäre und die dann mit räumlichen Mitteln stimmig umsetzen – das sind elementare Aufgaben ganz am Anfang des Entwurfs. Das ist wesentlich, und wenn das stimmt, kann die Einrichtung sich frei benehmen. … Ich bin mir sicher, dass ganz einfach gestrickte Räume am schönsten sind, wenn die Dinge frei hineingestellt sind – eine Biedermeierkommode, ein Barocksessel, ein Bauernstuhl, eine Werkbank. Schwierig wird's, wenn Bauherren sagen: So, jetzt muss ich Möbel kaufen, die passen. Passen ist ein schlechter Ratgeber in der Architektur. Schöne Möbel gehen überall. Dinge sollen gute Architektur gar nicht stören können; sie sollen einfach da sein – in einem Raum, der einfach gut ist. **Der mögliche Ereignisse offenlässt?** Ich denke schon; ich spreche von Räumen, die von solchen Qualitäten bestimmt sind, die inspirieren. Die Kiste der Systemarchitektur oder die Aura autonomer Architektur sind nach meinem Gefühl nicht ausreichend. Ich schlafe nicht gut in einem Kellerraum. **Die Geistesverwandtschaft mit Joseph Frank springt ins Auge. Seine Bauten, Inkunabeln der klassischen Moderne, haben sehr individuelle Räume und er hat den Stil – zu seiner Zeit: die Sachlichkeit – ganz entschieden als Anmaßung bekämpft, den Menschen ihr Leben vorschreiben zu wollen. Und später hat er wunderbar verspielte, exzentrische Muster, Möbel und Häuser entworfen.** Dem menschlichen Leben Räume schaffen, ohne den Menschen Vorschriften zu machen – eher ihnen Freude bereiten: Das bleibt schwierig. Und wenn man glaubt, man beherrscht es, wird es noch viel schwieriger.

Über die Grenze

Nach intensiver Auseinandersetzung mit dem Strickbau, nach fünfundzwanzig Jahren Bauen mit Holz, nach starkem Engagement in der Gemeinde, eingeschlossen politisches Engagement als Gemeinderat, wird die Zeit um 2000 eine Zäsur. Du löst dich von der Gemeindearbeit, löst dich auch vom Tal, löst dich etwas vom Strickbau. Wir waren beim Strick wirklich an die Grenzen gegangen – die großen Fenster des Schulhauses Duvin waren nur mit Hilfskonstruktionen möglich. Da war mir klar, ich will zurück zu Dingen, die in sich funktionieren. Ein Zurück, das ein Aufbruch zu neuen Ufern war. Mit dem Mädchenwohnheim in Disentis, das ab 2001 entworfen wurde, tritt der Stein ganz entschieden in unser Werk. Ziegel, Kalk, Beton. **War das Spiel ausgespielt?** Ich spiele noch immer – ganz ernsthaft. Wir bauen nach wie vor Strickbau; der Umgang mit den Regeln ist souveräner, freizügiger. Aber unser Spektrum hat sich erweitert. Mein Strickbau kommt aus Vrin, er ist mehr als Konstruktion; das Soziale und die Kultur sind wichtig. Das trägt weiter.

Ein neues Spiel

Dennoch: Du verlässt den Platz; das alte Spiel ist aus. Beginnt ein neues, ein anderes? Man kann das Spiel ja auch unter anderem Blickwinkel sehen. Heidegger tut das; er setzt den Akzent anders. Er betont das Wagnis, das Risiko, das Aufs-Spiel-Setzen. Dann heißt Spiel: Ich mache mit dem Dasein Ernst, ergreife

unerwartete Möglichkeiten, breche das Gewöhnliche auf, wage eine neue Sicht – die Karten werden neu gemischt. Ich setze zum Sprung an, „der als äußerste Möglichkeit des Daseins das Höchste an Lichtung des Seins und seiner Wahrheit vermag", wie eine Formulierung Heideggers lautet.[57] Disentis war etwas ganz anderes – ein großes Haus aus Stein. Das war ein Sprung in eine andere Wirklichkeit; Neues zeigt sich. Das war schon so: ein Um-stoßen – vor allem für mich selbst. Aber du spürst, es gibt Themen, die sagen: Bleib doch hier. Das passiert mir immer wieder – ich wälze nicht

Mädchenpensionat Disentis, 2001–2004.

alles um. Immer wieder frage ich mich: Warum wage ich nicht mehr, warum nicht die radikale Geste? Ich versuche, im Ent-wurf von den Realitäten möglichst weit wegzugehen, aber den radikalen Bruch: Kann ich nicht. Ich kehre zurück ... **Kann man zurückkehren? Ist man nicht bereits anders unterwegs? In seinem Kunstwerkaufsatz[58] bestimmt Heidegger Kunst und Entwerfen als ein Ins-Werk-Setzen von Wahrheit, worunter er versteht: das Wesen der Dinge entbergen. Also: etwas den Din-gen Eigenes zum Vorschein bringen, anwesend lassen. Dieses Entbergen, das Ungeheure des Entwurfs, wäre demnach ein Auf-Sich-Beruhen-Lassen. Das ist eine gedankliche Zumutung! Nicht die radikale Geste wäre das „Neue", sondern: sichtbar machen, entbergen, eröffnen und ins Offene freigeben, was in den Dingen liegt. Das leistet der Entwurf. Er stellt einerseits eine**

57 Heidegger, Martin: Der Satz vom Grund, zitiert bei: Gerstenberg Vatimo: An-Denken. In: Nachdenken über Heidegger, hrsg. von Ute Guzzoni, Hildesheim 1980, S. 297.
58 Heidegger, Martin: Der Ursprung des Kunstwerkes, in: Heidegger, Martin, Holzwege, Klostermann, Frankfurt am Main 1950, S. 7 ff.

Welt auf, bereichert unseren menschlichen Umtrieb durch ein so noch nicht Gesehenes; und er stellt – so Heidegger – die Erde her, die „zu nichts Gedrängte", das, was sich unserem Umtrieb entzieht.

Streit

Aufstellen und Herstellen - beides, so Heidegger, verknüpft das Werk, der Entwurf; beides, das Aufrichten von Neuem und das Heranbringen des Vorhandenen, liegen im Werk im Widerstreit; Entwurf ist demnach: Streit. Frei interpretiert könnte dies für Architektur heißen: Den unbegrenzten Möglichkeiten der Vorstellung steht die Bindung des Ortes gegenüber. Im Streit um eine Balance entsteht architektonische Qualität; der Streit ist diese Qualität. Gerade dieses Offenhalten, das nicht um eines Zwecks willen schnell zum Schluss Kommen, macht das Kunstwerk aus; daran kann Architektur teilhaben.   Entwurf als Anstiftung zum Streit – hm, klingt gut. Ein richtiger Streit? Streit ist ja mehr als Rechthaberei. Es geht schon um eine ganz besondere Art von Streit. Widerstreit – kein Rechtsstreit.   **Ja, kein Sich-Versteifen auf etwas, sondern: Im Streit trägt jeder das andere über sich hinaus, sagt Heidegger.**   Ringen, Kräftemessen, Widerspiel, Ineinanderspielen, Begegnung – da kommen Material und Ort und Mensch und Disziplin ganz anders ins Spiel. Das schwingt seit dieser Zäsur mit. All diese Stimmen sind viel näher und stehen durchaus nicht so harmonisch zueinander. Wenn ich zurückschaue, ist es tatsächlich so: Anfangs war der Entwurf viel mehr auf mich bezogen, da ist manche Stimme verstummt; und dann hat sich das geöffnet, viel mehr, auch mehr Menschen, spielt herein. Dann begegnet einem Vertrauen, Vertrauen der Menschen, und man vertraut selbst mehr, traut sich. … Streit, ja, das hat Konsequenzen. Früher kamen die Leute und meinten, ich sei Dienstleister, der liefert, was sie bestellen. Seitdem ich meine Bauherren einbeziehe, auch fordere, werden es weniger – das mögen nicht alle! Das strengt an, lohnt sich aber! **Auch den Dingen ist Widerstreitendes eingeschrieben – Valendas ist ein Beispiel. Zwei alte Gebäude, eines bleibt, eines wird durch ein neues ersetzt. Wie macht man das? Verbreitet sind die mehr oder weniger kritische Rekonstruktion oder der Kontrast, die zelebrierte Fuge. Dein Weiterbauen im fast Gleichen ist ein anderer Weg.** Ich mache erst mal weiter. Programmatische Festlegung hilft wenig, wenn man das Spiel spielen will. Es interessiert nicht, ob das alt oder neu ist, ob tradiert oder modern. Von diesen Etiketten muss ich mich lösen, sonst kann ich gar nicht da hinkommen, wo sich im Wechselspiel Neues eröffnet, wo das Wechselspiel sichtbar bleibt. Neues auf alt machen führt zu genauso wenig, wie Altes als Interpretation neu zu machen. Weiterbauen ist da viel pragmatischer.

Valendas

Es gibt also in Valendas das alte Haus mit seinen Zwängen; ein neues kommt dazu mit seiner eigenen Logik. Dazwischen: die Treppe. Die ist hier viel mehr als rational-effiziente Überwindung von Geschosshöhe. Es ist ein Zwischenglied, dem einen wie dem andern zugehörig und dadurch etwas Eigenes. Die erste Frage war ja: Wo gehört das Treppenhaus hin? Dann: Was muss die Treppe können, wo ist der richtige Platz, für wen ist sie gedacht, was verbindet sie, gehört sie zum Haus, gehört sie zum Platz? Für mich hat es etwas Elementares, was sich

Kreuzung mehrerer Treppen in „Gasthaus am Brunnen", Valendas, 2014. Ausgleichstreppe Alt-Neubau trifft auf Vertikalerschließung. Gästehaus trifft auf Freitreppe zum Gemeindesaal.

da ereignen kann: Jemand kommt von außen herauf, jemand von innen herunter, man begegnet sich, unverhofft, vielleicht gern, vielleicht widerwillig. Die Treppe spielt das Spiel der beiden Häuser, sie ist mehr als Funktionserfüllung, sie ist wie ein Organ. Ich benutze sie, aber sie kann mehr: Hinaus, herein, hinauf, hinab, herüber, hinüber und – ich kann mich zeigen, ich kann mich verstecken. Dieses Mehr, vielleicht auch ein Spiel, ist mir immer wichtiger geworden. **Eigentlich sind es drei: Wirtshaus, alte Scheune, Platz – öffentliches Haus, Ökonomie, Gemeinde.** Die Leute in Valendas hatten viel vor. Platz, Gasträume, Gästezimmer, Restaurant, (Gemeinde-)Saal. Heutige Wünsche, altes Gemäuer. Manches blieb, manches nicht. Die Scheune gibt's nicht mehr, ihr Leben ist vorbei. Davon haben wir uns rigoros getrennt. Wir sollen nicht alten Bildern hinterherlaufen. Altes ist nicht besser als Neues. Was wir neu

Gasse beim „Gasthaus am Brunnen", Valendas. Mit dem öffentlichen Weg korrespondiert der Weg im Haus.

gemacht haben, steht in starkem Bezug zum alten Wirtshaus und zu den Häusern am Platz: Es ist mit Kalk bekleidet. Überhaupt: Der Platz und die enge Gasse – wie bring ich da den neuen Baukörper zum Vorschein, dass er Präsenz kriegt? Das Gehen zählt: wie ich die Treppe vom Platz hinaufgehe, keineswegs selbstverständlich; was mit der Gasse geschieht; die kriegt im Haus eine Spiegelung – ich kann öffentlich gehen und ins Haus schauen; ich kann im Haus gehen und in die öffentliche Gasse schauen. Und auf dem Weg gewinnt der Bungert, der Obst- und Gemüsegarten hinterm Haus, eine neue Wertigkeit, kann Freisitz werden und entspricht dem kleinen Gastraum dort hinten, der dadurch eine Erweiterung erfährt. Spürbare Ereignisse.

Gasse und Garten sind nicht Bilder vergangener Kleinstadtselig-keit, sondern Räume des Tuns. Und wenn dem Bau oder Bauteil der Streit zwischen dem, was alles sein sollte, und dem, was die Situation hergibt, noch anzumerken ist, wird's lebendig. Ich wünsche mir ein Haus weniger als Gegenstand, sondern als Partner. Ich hätte gern ein Haus, das mit mir wohnt. Nicht nur ich wohne mit dem Haus, sondern das Haus wohnt auch mit mir. Nehmen wir den Raum hier, das Klassenzimmer der Schule in Cons, die ich Jahre besucht habe, mit dem Ofen im Hauszentrum. Da reguliere ich die Temperatur, indem ich mich bewege – mal näher zum Ofen, mal mehr zum Fenster. Wozu sollte ich in Bewegung kommen bei einer Klimaanlage? Oder: die Fenster: Was machen Vorhänge, was machen Läden, wie kommt die Luft herein, wie schau ich hinaus? Was heißt die Helligkeit am Tag; ist es Lichtung, ist es Blendung, was sind die schwarzen Löcher bei Nacht? Ich möchte ein Haus, das mit mir wohnt. Das wäre das Größte! Ein Haus, das Resonanzkörper ist. **Das Übel heutigen Bauens ist vielleicht, dass wir glauben, ein Haus sei lediglich Instrument für uns. Das ist ganz eindimensional. Das Haus, das du dir wünschst, ist dir zu Diensten, aber es fordert dich auch heraus, setzt Grenzen. Machen und Auf-Sich-Beruhen-Lassen streiten sich. Ein solches Haus ist Herausforderung und lässiger Komfort gleichzeitig. Es verrückt unsere übliche Sicht, es macht einen Ruck, sagt Heidegger. Es stößt das Ungeheure auf und stößt das Geheure um. Ein Anstoß, ein Aufstoß ereignet sich. Etwas Neues zeigt sich so.**

Ereignis

Gerade im Zusammenhang mit dem Gasthaus in Valendas sprichst du immer wieder vom Ereignis. Was meinst du damit?
Man muss den Entwurf denken. Was, wenn Entwurf nicht nur

dieses Haus, diese Räume ist? Wenn Fragen in den Vordergrund rücken wie: Was ist der Ort? Was passiert da? Menschen, die teilnehmen, Häuser, die da sind, Geschehnisse, die vor sich gehen – das spielt mit beim Entwurf, wie wir ihn verstehen. Es ereignet sich etwas, das den Entwurf prägt, und der Entwurf selbst ereignet sich. In Valendas etwa war es das starke Engagement der Dorfbewohner, das Zusammenrücken am Stammtisch, aus dem sich eine andere Kultur im Umgang mit Menschen und Dingen ergab. Da wurden für mich Bewegungen und Beziehungen sichtbar, die sich ganz konkret im Entwurf niederschlugen – etwa in der nicht ganz alltäglichen Verdichtung der Treppen. **Ereignis ist also einerseits Umgang mit dem Haus selbst, andererseits etwas, das dem Haus, dem Entwurf vorausgeht.** Das war so. Die Leute dort hatten sich intensiv mit dem Ort und dem Leben im Ort, mit den Veränderungen dabei und der Frage, wie das weitergehen soll, beschäftigt. Das war ein starker Anfang! Und mir war damit klar: Das braucht eine starke Antwort – eine eigenständige Architektur. Weniger im Sinn eines dort hingeworfenen Objekts, sondern etwas, das diesem Engagement Ausdruck verleiht. Es kann starke Architektur entstehen, die über dem jeweiligen Ort steht und doch angebunden ist. So wird Autonomie der Differenz an wechselnden Orten möglich – oder anders: etwas, das sich heraushebt aus dem Spezifischen, ohne einem abstrakten Schema zu folgen. ... Dazu muss ich mir einen Freiraum verschaffen – das Kleid der Ideen abwerfen. Da haben diese aktiven Leute dort sehr geholfen. Das zu erleben, dazuzugehören, das war befreiend. Die haben sich ja selbst vom üblichen Gerede befreit hin zu einem Bekenntnis zu ihrem Ort – das war sehr anregend! Und das war es, was dem Entwurf vorausging, zeitlich und logisch, das war grundlegend. Da konnte ich einsteigen und es weitertreiben. Es sind weniger soziale Funktionen, es ist eher der

Impuls der Befreiung, den man teilt und der zu einer dann eigenständigen Architektur führt. Das Soziale und das Autonome, das Überlieferte und das Zukünftig-Moderne – das spielt ganz selbstverständlich ineinander. **Alain Badiou stellt das Ereignis ins Zentrum seines Denkens und sagt: „Das Ereignis ist etwas, das eine Möglichkeit erscheinen lässt, die unsichtbar oder gar undenkbar war. ... Das Ereignis ist auf gewisse Art nur ein Vorschlag. Es schlägt uns etwas vor. Alles hängt dann von der Art und Weise ab, wie diese Möglichkeit in der Welt ergriffen, bearbeitet, inkorporiert und entfaltet wird. Genau das nenne ich eine Wahrheitsprozedur. ... Folgewirkung dieses Bruchs in der realen Welt, dieses Bruchs, der das Ereignis ist. ... Öffnung einer Möglichkeit, die im Voraus nicht kalkulierbar war."**[59] In Valendas war das besonders deutlich, aber es lässt sich für die Architektur verallgemeinern. Wenn die Architektur so gemacht wird, dass alles definiert ist, kann nicht mehr entstehen, als du vorgibst. Wenn andererseits alles offenbleibt, fragt sich, ob sich wirklich etwas ereignet. Der Mensch braucht etwas wie Leitplanken. Mit der absoluten Freiheit kann er schlecht umgehen. ... Schwierig. Wie viel sollte vorgegeben, bestimmt sein? Kann ich mich so verhalten, dass Unkalkulierbares möglich ist, dass überhaupt verschiedene Möglichkeiten offenbleiben, dass sich Badious Ereignisse einstellen können? Dieses Spiel finde ich unheimlich wichtig. **Badiou betont das Unplanbare des Ereignisses.** Ja sicher! Das gibt dem Ganzen etwas mehr, etwas Erotisches. Ist das ein Blitzschlag? Ist es harte Arbeit? Auch wenn es aus heiterem Himmel kommt, es will Dauer.

---

[59] Badiou, Alain: Die Philosophie und das Ereignis, Turia + Kant, Wien und Berlin 2012, S. 17. Alain Badiou, *1937, französischer Dramaturg, Mathematiker und Philosoph. Professor an der Universität Paris VIII, Direktor des Instituts für Philosophie École normale supérieure. Noch immer auf dem langen Marsch.

Dranbleiben

Unplanbar heißt nicht, dass etwas fürchterlich Geheimnisvolles geschieht. In Valendas war es der Moment, als die Gemeinde gesagt hat: Es reicht! Das ist etwas ganz Menschlich-Nahe-liegendes. Man ergreift die Initiative, lässt sich nicht mehr rum-schubsen. Mit einem Mal ist alles anders. Das setzt enorme Energien frei. Die Möglichkeit muss ergriffen werden, und: Ich muss mich ergreifen lassen. Das muss entfaltet werden, weiter-gehen, Dauer erlangen. Badiou spricht von „Wahrheitsverfah-ren"[60]. Du musst bereit sein, wenn etwas auf dich zukommt, Kontrolle abgeben. Und wahrnehmen. Das ist interessant: geben und nehmen. Badiou sagt: „Aktivität und Passivität ist ungefähr dasselbe:"[61] Hinnehmen und handeln – ich werde vor die Wahl gestellt und ich entscheide. Der Architekt ist nicht mehr der Createur d'architecture. Eine andere Verfassung ist wichtig. „Auf ein Ereignis vorbereitet zu sein, heißt, in einem Geisteszustand zu sein, in dem die Ordnung der Welt, die herrschenden Mächte nicht die absolute Kontrolle haben."[62] Kontrolle abgeben, sich dem öffnen, was dir zufällt, das fällt uns nicht leicht. Eine alte Redensweise sagt: einen Zufall haben – im Sinn von: einen Einfall haben. Das ist verloren gegangen. Ich behaupte aber: Auch das ist ein Aspekt dieser Profession, die sich gern so zwingend, so kontrolliert gibt. Als Architekten haben wir es – im Unterschied zur Kunst, wie uns Loos das so deutlich gemacht hat – mit Menschen zu tun; da müssen wir mit Unerwartetem rechnen. Dafür sollte Architektur ein Resonanzkörper sein. Nicht abbilden – mit-

60 Badiou, Alain: Lob der Liebe, Passagen Verlag, Wien, 2015, S. 61.
61 Badiou, Alain: Die Philosophie und das Ereignis, Turia + Kant, Wien und Berlin 2012, S. 19.
62 Badiou, Alain: Die Philosophie und das Ereignis, S. 20 f.

schwingen. ... Mit unserer Waldhütte sollte ein Raum entstehen für Schulklassen, Gruppen, auch Einzelne, die sich mit dem Wald beschäftigen oder einfach gerne dort sind. Das muss mehr sein als ein Behältnis. Besonders wichtig waren mir sinnliche Aspekte, die gerade für Kinder wichtig sind: Wärme, Geruch, Geräusch, Berührung – das Haus selbst sollte zum Spüren und Empfinden anregen. Beziehungen sollten aktiviert werden, denn die Dinge im Wald – gerade dort – sind keine stummen Dinge, wie es Bruno Latour nennt. Wir wollten die Hütte so, dass sie dem Wald seine Geheimnisse entlockt, und dazu musste die Architektur daran anknüpfen, mit baulichen Elementen, die den Wald ins Haus holen. Nicht nur das Stoffliche des Holzes, die Vielfalt und Fülle seiner Oberfläche, Abwechslung der Hölzer, auch die Dichte der Konstruktion, ihre Stämmigkeit, auch die Ruhe im Raum. Das hat den Entwurf bis ins Detail geleitet. Und manchmal muss man beim Bauen Versuchungen widerstehen, etwa der schönen Aussicht ins Land; stattdessen haben wir uns ganz zum Wald geöffnet.

Disentis

Das Ereignis als der Bruch mit dem Üblichen wird bei dem Mädchenheim in Disentis deutlich. Um 2000 hat sich etwas verändert. Vielleicht war es ein Ruck. Die Treppe in diesem Bau ist ein Beispiel; sie ist keine Funktionserfüllung. Sie ist eher eine Sammlung von Ereignissen. Ich erschließe das Haus, ich kann mich verdrücken, ich begegne, erlebe Raum, der Zeit und Platz dafür schafft. Und dann ist es nicht nur die Treppe; es sind die Gänge, die ins Haus führen, in die Zimmer, zum Fenster. Das kann mehr als lüften und Blicke geben. Da muss man sich lösen von den Regeln der Bauentwurfslehre. Das heißt ja nicht, dass die Regeln nicht mehr gültig sind. Selbstverständlich bleibt es bei den Regeln z. B. von Steigung und Antritt. Wegrücken, Infragestellen schließt nicht aus, dass die Regeln ganz nah

sind – sie haben vielleicht einen neuen Rahmen. **Der Ruck des Entwurfs ersetzt nicht die Realität; er erweitert die Wirklichkeit, indem er die Perspektive wechselt.** Ich versuche, neu zusammenzuführen. Dazu muss ich es zerlegen, die Elemente spüren, ich löse mich von dem Gesamten, stoße auf Widersprüchliches und so ergeben sich wieder Zusammenhänge. Transdisziplinarität

Zentrale Treppe im Mädchenpensionat Disentis. Mehr als ein Funktionsraum.

trifft es – die Kompetenzen der Einzeldisziplinen gehen nicht in einem großen Ganzen auf, sie bleiben autonome Mitspieler. Das ist ja in der persönlichen Begegnung nicht anders: Es braucht den Eigenständigen als Gegenüber, sonst ergibt sich keine Resonanz. Man muss den Elementen Raum und Zeit lassen, damit sie den Widerstreit entfalten, Kraft entwickeln. **Dinge sind nicht tote Objekte, neben oder jenseits der Ereignisse, sondern sie sind entstanden, haben Geschichte, haben Ereignisse inkorporiert. Und können nur deshalb wieder Dinge des Umgangs werden, weil sie sich dafür öffnen können, weil sie Geschehnischarakter[63] haben. Was sollten wir anfangen können mit etwas, das tot vor unseren Füßen liegt?** In letzter Konsequenz könnte ich damit nichts anstellen. Es braucht ein Gegenüber, das lebendig ist. Eigenständig, der Resonanz fähig, immer für Unerwartetes gut. Etwas, das uns überrascht – das uns zufällt, nicht von uns gesteuert wird. Wenn man wach ist, gibt es lauter Zufälle. Dinge, die wirken, ohne mein Zutun; die mitzunehmen, ist schon aufregend, lebhaft.

---

63 Badiou, Alain: Die Philosophie und das Ereignis, S. 20.

Lebendig – da geschieht etwas und ich habe Anteil daran mit Leib und Seele. Wenn ich sage, ich entwerfe mit allen Sinnen, mit Sinnenbewusstsein, dann ist das Leibhaftige angesprochen. Das ist mehr als mein Körper, das sind der Raum und die Zeit, die ich ausfülle, der Leib gegenüber, seine und meine Gebärden.

Offensichtlich wird das in Räumen der Geselligkeit und Gastlichkeit – ein Schwerpunkt deiner Gestaltung in den letzten Jahren. Ich muss von der Gestaltung zum Raum kommen. Überschreite ich diese Schwelle, dann wird Raumgestaltung Raumbildung. Raumgestaltung verheddert sich, weil sie zu kurz greift. Beispielsweise Einrichtungen der Gastronomie: Da werden gastronomische Konzepte durch passende Oberflächen bebildert; im nächsten Schritt wird der Gast mit einem Profil versehen, das beschreiben soll, welches Bild er sich vom Raum macht, und das wird dann umgesetzt. Der tautologische Zirkel dreht sich – der Raumgestalter: gefangen im Spiegelgefecht der Bilder. Solche Räume funktionieren nicht, da will man nicht bleiben, da erfährt man nichts, sondern rennt gegen Spiegel wie im Jahrmarkt. Das Personal liest dir jeden Wunsch von den Augen ab und raubt deine Freiheit. ... Das geschieht auch mit den Orten bei uns und mit unseren Bauten. Verbildete Architekten bauen unsere Ställe um für Leute ohne Bezug zum Land und machen diesen Leuten vor: So sind sie, die da oben wohnen. Kolonialismus des Designs. Dabei hat kein Bergbauer im Stall gewohnt und keine Hausfrau. Und dann wollen sie all das kaufen. ... Das geht landauf landab so – vom kleinen Stall bis zum großen Ressort. Gehe ich dagegen aus vom Lebensraum, dem Raum, den ich leibhaftig mit meinem Tun auszufüllen vermag, dann begegne ich dem andern und er mir nicht als Bild, das sich in sich spiegelt.

Treppe und Platz

Das ist an den Dingen, die du machst, zu sehen, besser: an ihnen zu erleben. Es wird kein Zufall sein, dass es immer wieder Treppen sind. Kein Wunder: Da erreicht Bewegung ganz räumliche Dimension. Über Valendas haben wir gesprochen; der Turm im Goldau wäre ein Weiteres. Der Turm ist Treppe, genau genommen sind es zwei Treppen, die den Turm zum Stehen bringen, hinaufführen, Begegnungen herstellen. Man könnte fortfahren mit dem Treppenhaus im Gasthaus Vals – ein Weg, der nicht nur hinauf, sondern hinein in das Haus führt, um die Kurve geht, die begleitenden Wände mitnimmt, sich öffnet und schließlich der alten Treppe begegnet. Das Treppensteigen, das Hoch und Hin und Her, nimmt den ganzen Leib in Anspruch, wird zum Ereignis – doch keine Angst: Es gibt auch einen Lift in dem Haus! **Man könnte ja umgekehrt sagen: Diese Treppe ist freundlich zum Leib. Sie lädt ihn ein, sich zu bewegen, das Haus zu erfahren – sie entwickelt sich in den Raum.** Die

Aussichtsturm im Naturpark Goldau, 2015. Zwei gegenläufige Treppen treffen sich auf der Plattform.

Treppe erzählt und birgt Erinnerung, die sie dem, der offen ist, entbirgt. Wir werden Teil von Geschichten, weil Dinge Geschichte haben. Eine gute Geschichte sagt: Pass auf. Sie hilft. Sie unterhält, sie vertreibt Langeweile. **Ist das bei einem Projekt besonders wichtig geworden?** Ja, beim Dorfplatz in Vrin und seinem neuen Pflaster. Hier, am Versammlungs- und Verhandlungsplatz der Gemeinschaft, treffen räumliche, materielle und kulturelle Kräfte aufeinander – ein verzweigtes Netz von Straßen, Fußwegen, Trampelpfaden. In seinen fließenden Übergängen wird das Dorf verständlich. Wenn man

Dorfplatz sagt, sagt man Kirche. Und die wurde gebaut von Italienern, die kamen über den Berg, wie einst die Viehherden in umgekehrter Richtung über den Berg getrieben wurden – mein Großvater war so ein Viehhändler. In umgekehrter Richtung kam Antonio Beroggio, der Architekt aus Roveredo. Alles, was wertvoll ist, kam über den Berg. Das zeigt, wie simples Denken in die Irre führt: als ob ein Tal hinten zu Ende sei. Da fängt es erst an! Also war mein Vorschlag zum Platz: Spielen wir nochmals diesen Akt, holen die Steine vom Süden, aktivieren diese Geschichte. Das haben wir dann gemacht, die Steine dort geholt – nicht über den Berg, sondern um ihn herumgebracht. Gneis aus den Südtälern, dem nahen Bleniotal, etwas Besonderes, etwas, was wir hier nicht haben. Ob's die Vriner wirklich interessiert? Einerlei – es ist eine Erzählung, die erzähle ich und die erzählen sie sich. ... Wie wir den Platz gepflastert haben, richtet sich nach den Gepflogenheiten der Dorfbewohner. Aus dem Verhalten werden Gesten – der Platz macht Gesten. Wenn man älter wird, merkt man: Die Qualität des Lebens ist die Sammlung von Geschichten. **Gestalt ist Geste, nicht Idee. Idee ist logisch schlüssig, vollkommen, endgültig: Ein Würfel ist ein Körper aus gleichen, parallelen Kanten und rechten Winkeln. Perfekter geht es nicht! Auf diese Weise lässt sich die Treppe in Vals im Hotel Alpina gar nicht beschreiben.** Weil es das Fertige, Endgültige,

Platzgestaltung Vrin. Das Pflaster folgt dem Gelände und führt zu jeder Haustüre.

Vollkommene in dieser Welt gar nicht gibt. Die Treppe kann gar nicht anders sein als unfertig, weil sie durch das Ereignis des Umgangs mitgeprägt ist.

Zeit

Perfektion greift demnach zu kurz. Weil es ja doch oft ganz anders zugeht; man sitzt mit den Leuten zusammen, spricht über eine Aufgabe, will die Lösung eines Problems, aber die will sich nicht zeigen. Dann geht man nach Hause und plötzlich ist er da, der Geistesblitz. Ich weiß nicht genau, wie das entsteht, nachvollziehen lässt es sich kaum. Der Wille ist da, aber die Lösung scheint von einer ganz anderen Seite zu kommen. Aber dann ist mir der Blitz suspekt, ich will ihn zerstören, kämpfe mit ihm. Kann ich ihm trauen? Sind es Erfahrungen, die zu einem neuen Vermögen führen? **Menschliches Denken ist eben nicht sequenzielle Informationsverarbeitung, sondern „massive Parallelität", wie Ernst Pöppel das genannt hat. Es lässt sich feststellen, dass diese neurologische Aktivität in jungen Jahren besonders rege ist, im Alter etwas ermüdet, aber dadurch kompensiert wird, dass sich eingeübte Bahnen herausbilden. Das könnte man den neurologischen Hintergrund von Erfahrung nennen.** Das spüre ich, auch in der Zusammenarbeit mit den Studenten. Daraus wäre zu schließen: Man soll in jedem Alter das machen, was man am besten kann, zu seiner Zeit. Eine lebensfähige Gesellschaft müsste bereit sein, diese unterschiedlichen Fähigkeiten zu nutzen, anstatt nur Jugend, Schnelligkeit, Perfektion anzubeten. ... Ich erlebe ja hier Situationen, jeder Vriner kennt sie, die sind so zeit- wie raumlos. Ist es noch Tag oder wird es schon Nacht, sind die Wolken über mir oder ich mitten drin, ist es Regen von oben oder Wasser, das aus den Wiesen dringt, spielt das Grün ins Grau oder Grau ins Grün? Ist es Zeitraum oder Raumzeit? Was soll da dieses Messen von Zeit, das Sortieren in Schubladen? **Ist diese Art von „rational" denn so zeitlos?** Beschleunigung und Effizienz zählen. Das schnelle Resultat wird nachhaltiger Qualität vorgezogen, es verspricht vor allem eins: umgehend Rendite. **Dagegen sprichst du von Erfahrungen, die aus einem anderen Zeitraum kommen.** Die Ideen kommen schneller, die Intuition ist leichter; es ist wie dieses Wetter: unbestimmt, mit lässiger Intensität, wie ich es vom Fußballspielen kenne. Bin ich gelassener, offener geworden, dem Unerwarteten eher geneigt?

Zufall

„Über allen Dingen steht der Himmel Zufall, der Himmel Unschuld, der Himmel Ohngefähr, der Himmel Übermut", lässt Nietzsche seinen Zarathustra sagen.[64] Ja, kindlicher Übermut ruft Geschehen, Ereignisse hervor. Und wenn wir nicht alles zu Ende berechnen, erhaschen wir vielleicht ein wenig von dieser Unschuld. ... **Das ist ja beim eigenen Leben nicht viel anders. Auch da sprechen wir gerne von einem Lebensplan; schau ich zurück, so muss ich sagen, dass der Zufall doch entschieden überwiegt.** Doch Wille und Zufall hängen zusammen. Wenn ich zurückblicke, wie ich den Weg aus dem Tal gesucht habe, das brauchte einen starken Willen. Man will das Nest verlassen, in die Welt hinaus, will Spuren hinterlassen. Zufälle konnte man nicht dulden. Erfahrungen entstanden durch einen Willen. Erfahrungen entstehen nicht einfach so, ich muss auch bereit sein. Herausforderung, Provokation, das braucht's. Das ist auch schmerzlich. Der bequeme Weg eröffnet jedenfalls nicht jede Erfahrung. Erst mit der Zeit wird man sich des eigenen Scheiterns bewusst. Es ist Teil des Weges, das wird einem langsam bewusst. Sind diese Momente ganz verloren? Es scheint, da hat sich was angestaut, es ist wie ein Archiv, manchmal fliegt einem etwas zu – aber planbar ist da nichts. **Man kann den**

---

64 Nietzsche, Friedrich: Und also sprach Zarathustra, Hanser, München 1967, S. 166.

Zufall nicht herbeizwingen, bestenfalls Bedingungen schaffen, die förderlich sind. Und wenn dann so etwas aufgetaucht ist, wenn ich zweifle, ob es gut ist, dann geht's von vorne los: mit großer Anstrengung prüfen, aus unterschiedlichen Perspektiven hinschauen und: der Glaube, das ist gut, dranbleiben, arbeiten, bis es nicht mehr geht, mit höchster Intensität. Und dann Schluss – jetzt stimmt's. Giacometti hat das so beschrieben. **Das ist schwer zu begreifen in einer Zeit, die so vernarrt ist in Präzision und Effizienz. Wenigen in unserer Profession war das gegeben – der Wiener Architekt Josef Frank war so einer. Der war vom Zufall überzeugt, hat die Perfektion in ihre Schranken gewiesen und dafür ein Wort geprägt: Akzidentismus.**[65] **Da klingt „accident" mit. Nicht nur Zufall, sondern gar Unfall. Frank hat zu lange in Amerika gelebt, um von diesem Beiklang nichts zu wissen. In unserer perfekten Planerwelt gibt's das nicht, weil es nicht sein darf. Frank wusste es besser – und traute ihm einiges zu. Seine Skepsis gegenüber der Ratio hat noch eine weitere Seite: Er rehabilitiert das Sentimentale. Man soll den Menschen ihre Sehnsucht lassen; man soll nicht alles dem Götzen Sachlichkeit opfern. Seine Maxime dagegen: die Umgebung so gestalten, als sei sie aus Zufall entstanden.** Das ist natürlich ganz viel verlangt. Es erinnert mich daran, was manche über meine Bauten sagen, die seien so, als seien sie schon immer da gewesen. Damit hab ich schreckliche Mühe. Da wird so getan, als sei das Kinderspiel, ein bisschen unzurechnungsfähig. **Dabei wusste Frank: „Berechnende Klarheit ist es nicht, was ein Haus behaglich macht. Man sehnt sich nach Räumen, die der Fantasie**

---

65 Frank, Josef: Akzidentismus (1958), in: Mikael Bergquist/Olof Michelsen: Josef Frank-Architektur, Birkhäuser, Basel 1995, S. 132 f. Josef Frank, österreichischer Architekt, Designer und Visionär, eine der Leitfiguren der Moderne und ihr erster Kritiker.

Spielraum lassen, man sehnt sich nach Straßen, die etwas anderes sind als nur die Lösung von Verkehrsproblemen."[66]   Architektur ist mehr als die Lösung eines Problems. Oder müssen wir Funktion neu denken? Etwa in dem Sinn, den Goethe angesprochen hat: „Funktion ist das Dasein, in Tätigkeit gedacht."[67] Wie fühlt sich der Mensch, wie bewegt er sich, was stört ihn, was bereitet ihm Freude? Weil Menschen unterschiedlich sind, lässt sich das nicht abschließend beantworten. Und trotzdem versuchen wir, es allen recht zu machen. Wird es zu offen, gibt es keine soziale Berührung; wird es zu eng, ereignet sich nichts. Es würde mich schon wundern, wenn bei diesem labilen Gleichgewicht der Zufall nicht seine Finger im Spiel hätte.

Umsonst

Ereignis, Zufall – das ist der Fall, wenn „die Ordnung der Welt nicht die absolute Kontrolle hat". Unerwartetes, nicht Kalkulierbares, Andersartiges ereignet sich – Badiou nennt es Alterität. „Die Differenz, die Alterität ist das, von dem ich ausgehe."[68] Das trifft sich mit deinen Präferenzen. Und es liegt nahe, dass das nicht abstrakt ist. „Es gibt kein Ereignis der Welt. Es gibt Ereignisse in der Welt. Es gibt lokale Zäsuren."[69]   So sehe ich das: Ohne Konzentration auf den Ort siehst du gar keine Zufälle, gibt es vielleicht gar keine. Zufall ist etwas Besonderes; er widerstrebt Verallgemeinerungen. Bei Bauten ist es nicht anders.

---

66 Frank, Josef: Akzidentismus (1958), in: Mikael Bergquist/Olof Michelsen: Josef Frank-Architektur, Birkhäuser, Basel 1995, S. 139.

67 Goethe, Johann Wolfgang von: Aus dem Nachlass, in: Anschauendes Denken, Frankfurt 1981, S. 311 (Sentenzen, Weimarer An 1904.II113).

68 Badiou, Alain: Die Philosophie und das Ereignis, Turia + Kant, Wien und Berlin 2012, S. 68 f.

69 Badiou, Alain: Die Philosophie und das Ereignis, Turia + Kant, Wien und Berlin 2012, S. 140.

Die Präzision eines Rahmenbaus aus Holz lässt eigentlich keinen Zufall offen – wie anders der Strickbau mit seinen Setzmaßen und lebendigen Rissen. Die Präsenz des lebendigen Baustoffs Holz ist für Zufälliges offen – das verschwindet beim Rahmenbau meist unter synthetischer Verkleidung. Ich bin überzeugt, man kann Architektur entwerfen, die für Zufall und Ereignis offen ist. Ohne Ereignis wird Zufall zur Inszenierung. **Architektur planen, die dem Zufall Rechnung trägt: eine Herausforderung. Wie soll das gehen?** Es gibt nicht eine Ordnung, es gibt Hierarchien von Ordnung, Strukturen, die sich überlagern. Beispiel Disentis: Da gibt es das Volumen mit seiner massiven Ordnung, es gibt die Stockwerke, es gibt Eingänge im Wechsel der Richtungen, von außen jeweils nur einer sichtbar, im Innern eine komplexe Verwicklung, die spielerisch, leicht wird. Man sieht: das Spiel von Eindeutigem und Vielfältigem, auch Zwiespältigem. ... Oder in Valendas: Da gibt es diesen Raum neben dem großen Saal, der von dort aus Bühnenraum ist. Schließ ich die Wand und betrete ihn von anderer Seite, ist er Bibliothek und Nebenzimmer. Dreh ich mich und öffne das große Fenster, ist er Loggia, fast herrschaftlich zum Platz. Ein

Gastraum „Gasthaus am Brunnen", Valendas. Die Stütze gliedert den Raum und definiert Teilräume.

Dreh- und Angelpunkt, heterotrop, fließend in der Nutzung, ambivalent; funktional unperfekt, gewinnt er seine Qualität im Zusammenspiel mit den Nachbarn, dient sich diesen jeweils an. Ein anderes Beispiel im selben Haus: Im Gastraum der Dorfwirtschaft steht in der Mitte eine Säule. Wie das? Steht im Weg, mitten im Raum, nervt. Wir hätten die statisch relativ leicht entfernen können. Aber sie blieb, und nun macht sie etwas. Aber was denn? Ein großer Raum, übersichtlich, ähnliche Seiten, wo man bevorzugt an der Wand Platz nimmt. Nun muss ich mich bewegen, um drüben alles zu sehen, muss einen Bogen machen, wenn ich hinüberwill, es bilden sich unterschiedliche Bereiche, tatsächlich ein Frauen- und ein Männerstammtisch. Diese Säule löst Reizmomente aus. Krisen? Reaktionen auf jeden Fall. Das nicht ganz Perfekte bringt Unerwartetes hervor. **Manchmal trifft man bei Leuten, die sehr genau in ihrem Fach sind, auf ein feines Gespür für diesen Zusammenhang; so lese ich bei einem Schriftsteller, der als durchaus streng gilt: „Und doch kommt alles Köstliche uns nur durch den Zufall zu – das Beste ist umsonst."[70] Ernst Jünger hat das festgestellt.** Großartig. Lass uns viel mehr Köstliches bauen! Was für ein Wort wäre das für Architekten. Das hätte wohl auch Joseph Frank unterschrieben. Eine gewisse Verwandtschaft der Zeichnung findet man beim Zeitgenossen und Landsmann Bernard Rudofsky. Ist es verwunderlich, dass der dann berühmt wird mit seiner Ausstellung „Architektur ohne Architekten"?[71]

Glück

Rudofsky plädiert dafür, gute gebräuchliche Dinge auf sich beruhen zu lassen. Auffallend: die vielen Beispiele aus dem Mittelmeerraum. Ist diese Gegend eher als unsere einer Tugend förderlich, die da angesprochen wird: Gelassenheit? Von da ist es nicht weit zu etwas, was unsere Zunft eigentlich nicht kennen mag: Glück. Ich weiß ja, was für eine Qual Entwerfen sein kann. Das ist mit den Jahren besser geworden, es lichtet sich etwas,

---

70 Jünger, Ernst: Auf den Marmorklippen, in: Sämtliche Werke Bd. 15, Klett-Cotta, Stuttgart 1978, S. 260.
71 Rossi, Ugo: Bernard Rudolfsky, architect, Napoli 2016.

mir fällt auch zunehmend leichter zu sagen: Es ist geglückt. Das ist schon so; es braucht Gelassenheit, um dem Entwerfen Glück einzuräumen. **Dazu noch mal Ernst Jünger: „Wenn die Kugel für uns rollt, das Blatt sich für uns wendet, kosten wir einen erlesenen Genuss – den Genuss einer geheimen, materiellen Intelligenz. In der Tat ist das Glück nichts anderes als die Elementarform der Intelligenz – im Glück denken die Dinge, denkt die Welt für uns."[72] Muss man Dichter sein, um das zu sagen? Die Dinge, die Welt denkt für uns, wenn uns etwas glückt! Die materielle Intelligenz der Dinge spielt uns etwas zu.** Doch ich muss zu ihnen stehen, muss ihnen etwas zutrauen, muss mich trauen. Zutrauen fassen zu dem, was sich ereignet, es geschehen lassen ... Bei einem aktuellen Projekt muss der Neubau in alte Bausubstanz integriert werden. Da gab es diese alte, dicke Wand, an die wir den Erschließungskern bündig anschließen wollten. Dann wurde deutlich: Die alte Wand trägt nicht mehr. Der Ersatz einer neuen Wand fiel deutlich schlanker aus. Unerwartet war da etwas Neues da, eine Nische, die den angrenzenden regelmäßigen Raum bereichert, ihm mehr Qualität verleiht als eine glatte Begrenzung. Es ist offensichtlich, dass nicht wir darauf gekommen sind – die marode Wand hat für uns gedacht. Das war so eine glückliche Fügung. Das kommt vor. Dinge haben etwas für uns bereit. Natürlich muss man sich drauf einlassen, es erkennen. Das kommt mit der Zeit, braucht Erfahrung. Dem Glück trauen, die Bereicherung erkennen und annehmen – ich kann das schon so sehen: Das Ding hat für mich gedacht. Noch nie habe ich das Potenzial des Bauens im Bestand gespürt wie bei diesem Projekt – Erinnerung und Ausblick vereinen Zeit und Raum.

---

72 Jünger: Das Abenteuerliche Herz, München 1997, S. 83.

Vella

Neben nicht alltäglichen Projekten, etwa einer Sennerei, einer
Waldhütte, zwei Türmen, stehen seit fünfzehn Jahren Bauten, die
im Kontext eine prominente Stelle einnehmen. Große Häuser,
massige Volumen, Steinbauten – das Mädcheninternat in Disentis, die Gasthäuser in Valendas und Vals. Als Letztes in dieser
Reihe ein Neubau in Vella.

Große Volumen

Ein Geschäftshaus in einem der Hauptorte des Val Lumnezia,
mit ca. 15 × 20 × 12 m ein für diese Gegend großes Gebäude.
Ein Laden im Erdgeschoss, im Obergeschoss Arztpraxen, darüber Wohnungen. Während der Planung mit der Gemeinde
kamen Wohnungen im großen Dachraum dazu, auch um dem
Baukörper Präsenz zu verschaffen. Das Interesse an großen,
entschiedenen Volumen wurde deutlich. Der Neubau sollte in
einer Reihe mit den bedeutenden Bauten des Ortes stehen –
einem Spätrenaissance-Schlöss-
chen, einem stattlichen Postamt
des frühen Heimatschutzes, einem
größeren Gasthaus der Jahrhundert-
mitte ... **Stattliche Häuser, die nun
um einen Bau der Gemeinde ergänzt
werden.** Auch hier muss man das
Eigene des Ortes verstehen. In Vella

Vella. Große Häuser prägen das
Ortszentrum.

ist es der Wechsel von großen und kleinen Häusern – ganz
anders als in Vrin, das als Sukzession von Gleichem erscheint;
auch anders als Malans, wo der Wechsel viel radikaler ausfällt.
In Vella sind die wenigen großen Häuser ausgeglichen ein-
gewoben. Sie haben Bedeutung. Das wollte die Gemeinde von

einem Ärztehaus mit großem Laden. Diese Häuser stehen nah an der Straße, aber folgen ihr mit ihren Dächern nicht, sondern stellen sich mit ihren Giebeln senkrecht dazu. Sie haben eine Richtung, ein Satteldach – ein Gestaltungsmittel, das der reine Kubus nicht hat. **Bauen in dieser Dimension geht nicht mehr als Strickbau?** Das zum einen. Ich wollte auch, wie hier üblich, das große stattliche Haus als steinerne Masse. Der Strickbau, das Bauen in Zellen, widerspricht auch der gewünschten Raumstruktur mit großen, flexiblen Räumen und stand an diesem Ort nicht zur Diskussion. Bauernhäuser, Ställe und Scheunen sind dagegen auch in Vella in Strickbau. Es gibt also eine Übereinstimmung der sozialen Bedeutung mit Volumen, Funktion und Bauweise. Das ist heute vielfach ein Problem: Man hat eine Vorliebe für ein Erscheinungsbild und beachtet viel zu wenig das Wesen dieser Struktur.

Geschäftshaus in Vella, 2016.
Symmetrien des Ortes prägen.

Hybrid

In Disentis ist die Beziehung von Volumen und Bauweise ähnlich, aber im Unterschied zur kompakten Bauweise dort war hier ein offener Grundriss erwünscht. Das erfordert einen weiteren Schritt: Nach dem Wechsel von der Holz- zur steinernen Zellstruktur nun der Wechsel von der steinernen Zelle zum steinernen Großraum. Das hat konstruktive Konsequenzen – es wird ein hybrides Gebäude. Es ist ein Holzhaus mit einem Mantel aus Stein. Unter der Prämisse, dass man Kunststoffe zu vermeiden sucht, ist die Wärmeisolierung viel schwieriger als beim Holzbau. Beim Stein landet man entweder bei sehr aufwendigen zweischaligen Konstruktionen, bei Verbundsystem mit Außenisolation oder bei innenliegender Dämmung, die dampfdicht sein muss. Das ist für das Raumklima katastrophal. Beim Holzbau stehen viel bessere Produkte zur Verfügung. Man kann mit nachwachsenden, atmungsaktiven Stoffen bauen. Wir wollten nun beides. **Eine steinerne Hülle, in die eine hölzerne Schatulle eingesetzt ist?** Umgekehrt! Das Holz trägt den Stein. Es ist ein konstruktiver Holzbau, die Außenwand tragende Ständer, Stützen und Balken aus Holz (außer den Stahlstützen im Laden), an die eine 12,5 cm starke Ziegelwand gebunden ist. Der Stein ist eigentlich ein Kleid. **Dazu kommen die Decken; auch das sind Hybridkonstruktionen.** Ja, das ist eine Holz-Beton-Verbund-Konstruktion. Der Grund: Neben der Statik muss ich auch den Schallschutz berücksichtigen. Dazu braucht es Masse. Der funktionale und räumliche Charakter ist mehr der einer Industriehalle, als der eines Stalls. Das erlaubt einen freien und flexiblen Grundriss. Wir wissen ja nicht, wie sich die Nutzung entwickelt. **Nun ist ja so ein Hybrid im Sinn stofflicher Einheit etwas Unreines – vielleicht auch im Sinn deiner früheren Anschauungen.** Früher hätte ich gesagt: Mach ich nicht, das ist nicht ehrlich! Aber man muss sagen, schon die alten Bauernhäuser waren nicht so rein. Da ist auch verkleidet worden, oft war die Wand mehrschichtig. Im Engadin sind die Steinhäuser innen aus Holz. … Jetzt kommt die neue Welle: homogene Konstruktionen, zum Beispiel der Isolierbeton. Das fasziniert, aber es gibt auch hier Mischungen; im Beton: Zuschlagstoffe, dann Stahl und Zement. Und was im Labor bei der Betrachtung einer einzigen Außenwand überzeugt, schaut draußen ganz anders aus, wenn ich die Decke einbinden muss oder ein Fenster anschließe. … Früher war ich von der reinen Konstruktion überzeugt, ergriffen von der einen Wahrheit; heute ist für mich die Wahrheit etwas anderes. Mischkonstruktion ist nichts Neues; immer schon hat man aus pragmatischen Gründen das jeweils Optimale verbunden. Das ist auch mal ein Wagnis und braucht Gelassenheit. Das Material aber hat immer mit dem Ort zu tun. Wir arbeiten mit Materialien, die in unmittelbarer Nähe vorkommen und die Handwerker verarbeiten können. Da entstehen Beziehungen, Beziehungen zu den Menschen wie auch zu den Dingen. Da tut sich was! Die Materialwahl ist eine kulturelle Verpflichtung und hat für den Ort ökologische wie ökonomische Konsequenzen.

Mischungen

Eigentlich ist so eine Konstruktion ein praktisches Beispiel dafür, wie fragwürdig die reine Lehre ist. Schön zu sehen, wie die Dinge in Abhängigkeit voneinander stehen. Sehr deutlich wird das beim Erweiterungsbau der Hütte auf der Greina.

Haus Terri, Greina, 2008. Stein hüllt Holz.

Auch da gibt's Holz – innen. In dieser baumlosen Landschaft auf 2200 Meter Höhe hat die Behaglichkeit von Holz eine besondere Berechtigung. Es ist ein Holzmassivbau, 14 cm Stärke, Brettstapel. Andererseits: Bei dieser Exponiertheit von Klima und Wetter hat Holz eigentlich nichts zu suchen. Also haben wir in der Tradition alpiner Hütten das Holz mit Stein umhüllt. In der Greina gibt es Stein, Horizont, Wasser – sonst nichts. Die Steine wurden vor Ort gesammelt und zu einer Wand von 30 cm vermauert – ohne den Holzkern hätte das nicht funktioniert. **Demnach verdanken sich diese Bauten einem analogen Prinzip: dem Bestreiten widersprüchlicher Motive.** Baukonstruktion Holz/

Stein, Wärme/Härte, gestalterisch tradierte Berghütte bzw. Bürgerhaus/neue Inhalte. Wenn man diese Aspekte bedenkt, steckt man das anders zusammen. So wie wir bei der Hütte eine sinnvolle Tradition aufgegriffen haben, so haben wir es in Vella getan: an der tradierten Hierarchie der Bauten weitergebaut. **Auch angeknüpft an eine Architektur großer Häuser, die sich seit der Renaissance entwickelt hat mit definierten Gliederungen und Symmetrien. Es gibt ein Sockelgeschoss mit öffentlicher Nutzung, eine Belle Etage für die Ärzte und unter dem Dach die Wohnungen. Klassische horizontale Gliederung eines Bürgerhauses.** Aber Vorsicht: So sieht's der Städter. Schaut man sich die Ställe hier oben an, dann gibt es auch dort: Sockel aus Stein, darüber Vierkantstrick und oben eine offene Rundholzkonstruktion. So sieht's der Bauer. **Okay, zwei Arten der Wahrnehmung für ein Phänomen, die gegliederte Fassade. Jedenfalls hat der Bürger unten seine Geschäfte gemacht, darüber residiert und oben gewöhnlich gewohnt. Wendet man sich der anderen Richtung zu, der Vertikalen, so bleibt es ebenfalls klassisch: Mittelachse und Symmetrie.** Die freie Gliederung hat gewiss ihren Reiz und ihre Berechtigung – die Alphütte ist so, aber auch die Sennerei Disentis. Aber ich habe dann auch den Reiz der Symmetrie entdeckt. Die Symmetrie ist natürlich in sich zwingend. **Vor allem ist sie durch den Typ in der baulichen Hierarchie gefordert und damit zwingend. Das Haus wird aus seinem städtischen Kontext abgeleitet. Zuerst der Ort, dann erst die Funktion.** Ich würde sagen: beides gleichwertig. Und dann passiert etwas Merkwürdiges. Gerade im Geschoss mit den Arztpraxen haben wir eine rigorose Reihung von geschlossener und offener Wand. Und da waren flexible Räume gefragt. Und wir haben festgestellt, wie gut sich Strenge und Lockerheit vertragen. So gesehen ist es ein

Trugschluss zu meinen, freier Grundriss verlange eine Fassade serieller Pfosten mit beliebig vielen Anschlussmöglichkeiten für Innenwände. **Symmetrie, Rhythmus, Proportion – gerade das erlaubt Freiheit. Klassische Bauten nach diesen Prinzipien gewähren das nötige Maß an Gebrauchsfreiheit; darüber Hinausgehendes erweist sich als überzogen. Gibt es ein Übermaß an Stringenz?** Ist das Hybrid nicht eine Antwort? Das löst sich ja von der Doktrin. Dieses Festhalten an einer einzigen, in Stein gemeißelten Wahrheit, das führt doch zu immensen Anstrengungen. Dieses Streben nach Homogenem gehört eigentlich nicht in die Architektur – da geht es immer um die Entfaltung einer glaubhaften Lösung im Wechsel von Ziel und Möglichkeit. Der pragmatische Weg des Hybrids ist eine Lösung, die freilich bewältigt sein will; die reine Lösung dagegen produziert unnötigen Stress.

Plastizität

Architektur ist immer eine mögliche Antwort, keine endgültige Wahrheit; das erfordert Geschmeidigkeit. Das Mädchenwohnheim in Disentis zeigt dies auf überraschende Art. Inmitten der Ortschaft Disentis integriert und doch schon in seiner Masse ungewöhnlich, scheint dieser echte, kräftige Würfel zum Hang ein Widerlager für die gewaltige Gebäudemasse des Klosters oben bilden zu wollen. Er hat ja auch damit zu tun. Die Mädchen, die hier jede in einem eigenen Zimmer wohnen, gehen dort oben zur Schule. Das Gebäude scheint regelmäßig zu sein, doch differieren die Fassaden in sich und untereinander, was die Lebendigkeit des Körpers betont. Masse und Plastizität sind der vorherrschende Eindruck. Das war schon beim Strickbau ein Thema, denn der hat eine Plastizität, die in seiner Machart begründet ist; die Wand geht um die Ecke,

aus der Wand bauen sich Öffnungen usw. ... Plastizität ist
nichts Hinzugefügtes. So auch in Disentis. Da ist sie vielleicht
noch mehr in der Nutzung angelegt. Die Fenster sind zum
großen Teil festverglast und sitzen außen bündig, die Fensterbank in der tiefen Wand ist Sitzbank am Fenster, der Lüftungs-
flügel dagegen liegt innen, die außenliegende Fensterbank
ist aus Stein, die knapp handbreit vor die
Putzfläche vorspringt; dieses Spiel gibt
der ganzen Wand Relief und Rhythmus.
Selbst die feststehenden Fenster sind in
sich plastisch. Da sie flächenbündig sitzen,
benötigen sie einen besonderen Schutz;
das macht ein separater Vorsatzrahmen,
sodass die Glasfläche tiefer als üblich liegt.
Das sind kleine Bausteine plastischer Gestaltung. Heute würde ich das gerne etwas
weitertreiben. **Die Plastizität verdankt sich
also der städtebaulichen Situation – einerseits! Andererseits: dem Sitzplatz am Fenster.**

Fenster Mädchenpensionat
Disentis. Die Plastizität des
Hauses findet sich beim
Fenster wieder und steigert
den Gebrauchswert.

Plastizität muss
aus dem ganzen Bau kommen. Das Raumgefüge aus identischen Wohnzellen trifft auf die städtebaulich wichtige Regel-
mäßigkeit der Ansicht. Das wird zweimal gebrochen: durch
ein ungegliedertes Fenster zum Gemeinschaftsraum und
ein deutlich größeres, das sich zur Loggia öffnen lässt. Auf
jeder Seite des Hauses sitzt diese Einheit an anderer Stelle.
Das schafft Plastizität. Doch die wird, auch als Schmuck, nur
glaubhaft, wenn sie mit Lebensvorgängen des Hauses in Beziehung steht. Nur so kann vermieden werden, dass sie zum
beliebigen Individualismus, zum Geschmäcklerischen ver-
kommt, was nicht lange hält.

Zärtliche Masse

Dieser Würfel vermittelt den Eindruck, es seien darin wieder Würfel gestapelt. Ob's an den würfelartigen Fenstern liegt?
Ja, jedes Zimmer ist eine Klause im großen Würfel und dann gibt es je Stockwerk diese Loggia, die der strengen Struktur Luft, etwas Lockeres gibt. Und diese Loggia ist dann Teil des Gemeinschaftsraums. Wir haben beobachtet, wie dieser Raum vereinnahmt wird und die Mädchen sich gestört fühlen, wenn jemand Fremdes dazukommt. Das wird mit dem Zentrum des Hauses, das gleichzeitig jeweils Zentrum eines dieser Gemeinschaftsräume ist, zu tun haben: ein plastisches Treppenhaus mit Ruhenische und Kochplatz. Das

Zentrale Treppe Mädchenpensionat Disentis. Zugewinn bei Gebrauch und Form dank wohlüberlegter Erschließung des Hauses.

ist das Nest, das wir konstruiert haben, in Beton, der die Farbe des Tales hat. **Das ist schon bemerkenswert, was dieses Zentrum bietet: Küche, Ruhezone, Kuschelecke, Aufzug, Treppe – räumlich erlebbar.** Dazu gehören die Zugänge zu den Stockwerken. Die Hanglage hat erlaubt, dass wir jedes Stockwerk direkt von außen erschließen konnten. Deshalb musste das Treppenhaus nicht brandtechnisch abgeschlossen werden und kann Erlebnisraum über alle Geschosse werden. Und ich kann Laufebene und Untersicht zum Raumgebilde machen. Nun kann ich ungeniert die Stockwerke wechseln, heraustreten, mich verstecken. So hängen Raumstruktur, Funktion, Belebung und plastische Gestaltung zusammen. **Die unterschiedliche Orientierung der Gemeinschaftsräume nach den vier Himmelsrichtungen steht in Beziehung zu den Zugängen und der Topografie.** Diese Räume sind analog organisiert und doch gleicht keiner dem anderen. In einem Stockwerk ist es ein Morgenraum, im anderen ein Mittagszimmer usw. So sind auch die Wohnklausen entwickelt. Kleine Einheiten, sorgfältig räumlich durchgebildet. So wird zum Beispiel eine Duschtrennwand zur Sitzgelegenheit, wenn der Vorhang zurückgezogen ist. Das reagiert ganz fein auf die Nutzung durch diese zärtlichen Wesen. Ein Haus für Buben würde vielleicht anders ausschauen. **Feinheit und Masse – wie geht das zusammen? Soll Bauen für junge Menschen nicht leicht und schlank sein, für die Mächtigen dagegen schwer und stur? Oder ist es ganz anders: Entfaltet sich das Feine nicht viel besser in einem massiven, fast groben Rahmen?** Das stimmt, Feinheit hat nichts mit Dimension zu tun. Wie fein kann eine dicke Stütze sein! Die Frage ist: Wie steht sie im Raum, in welchem Raum? **Ein Detail. Ein Eingang, eine Treppe führt hinauf, verschwindet in der Wand. Der Antritt der Treppe liegt weit vor dem Würfel. Fünf Stufen geht's hinauf, bevor sie die Fassade erreicht und sie in einer hohen Öffnung verschwindet. Ein Übergang, in seiner Schlichtheit und Klarheit beeindruckend und doch überraschend.** Darauf kommt es an. Die Übergänge, das Ineinanderspielen machen die Lebendigkeit aus. Nicht Masse als Prinzip, sondern ein Wechselspiel. So müssen sich die Dinge entfalten. **Wechselspiel: Das ergibt mannigfaltige Lösungen – eines von Badious Lieblingswörtern mit Konsequenzen. „Die objektive Existenz der Mannigfaltigkeiten ist gesäumt ... von der Möglichkeit, dass etwas unerwartet eintritt, das sich weder voraussehen noch kalkulieren lässt."[73] Woraus folgt: „Da mein Denken die Figur des Zufalls einschließt, ist es nicht deterministisch."[74]**

---

73 Badiou: Die Philosophie und das Ereignis, Turia + Kant, Wien und Berlin 2012, S. 139.
74 Badiou, Alain: Die Philosophie und das Ereignis, Turia + Kant, Wien und Berlin 2012, S. 142.

Wir kennen das ja: Gespräche, bei denen dein Satz mit einem Nein beantwortet wird, und wenn du nachhakst, folgt das nächste Nein. Ja, ja, nein, nein. Nervtötend. Die Steigerung ist eigentlich nur noch das: Ja, aber ... Dagegen gibt es ja durchaus ein Gespräch, wo ich etwas sage, du greifst das auf und gibst der Sache einen leichten Dreh, es ist leicht verändert, ich knüpfe daran an, pole es wieder leicht um. Es ist, als ob sich die Wahrheit auf den Weg macht. So kann man stundenlang unterwegs sein. Ein geistiger Spaziergang, der wie ein echter nie die kürzeste Verbindung zweier Punkte ist. Es ist etwas anderes, was da passiert. Es geht nicht um den schnellen Schluss, eher um die Entfaltung von Möglichkeiten. „Mich würden die Auswege interessieren, nicht die Wahrheit"[75], hat Kluge das genannt. Oder wie mir mein ETH-Kollege Michael Hampe mal riet: Nicht behaupten; berichten!

---

75 Von Schirach, Ferdinand und Kluge, Alexander: Die Herzlichkeit der Vernunft, Luchterhand, München 2017, S. 126.

Produktionsbedingung

Wie macht man heute Architektur? Die medialen Highlights sind big companies entsprungen, mit Hunderten von Angestellten, Dependancen all over the world, Spezial-Abteilungen, Wettbewerbsteams und Kreativstäben. Ohne Unterlass wird da entworfen, im Erfolgsfall zur Ausführung weitergereicht, andernfalls registriert, dokumentiert, archiviert, gespeichert – jederzeit zur Verfügung. Nichts geht verloren, alles wird verwertet. Datenverarbeitung garantiert jederzeit und allerorten Zugriff. Ich bleibe auf meine eigene Erfahrung angewiesen; ich muss mir das Fremde der Welt einverleiben, durch eigene Impulse; schauen, was mein Inneres dem entgegensetzt. Das bin ich und die Welt, das ist zunächst mal hier und jetzt, nicht kopierbar.

Intensität

Deine Produktionsbedingungen: drei bis vier Mitarbeiter, vielleicht 20 Quadratmeter Bürofläche, eine Werkstatt, 1440 Kubikzentimeter Hirnvolumen; dazu Höhenluft, das Tal, das Dorf, die Familie, seit einiger Zeit der Lehrstuhl. Mit mehr könnte ich die Erfahrung nicht machen, wie ich sie brauche. Information, Informationsverarbeitung ist nicht die Art von Wissen, mit dem ich umgehe. Erfahrung muss ich machen, vertiefen, zu Formen ursprünglicher Erfahrung kommen. Erfahrung

Arbeitsplatz: Caminadas Studio.

machen ist Leben und das hat auch mit der Erfahrung des Endes zu tun, von dem her das Leben erst seinen besonderen Wert, seine Einzigartigkeit gewinnt – es ist eben nicht unendlich, beliebig verfügbar, immer abrufbar. Für Maschinen mag das gelten; also kann die Maschine nicht die Erfahrung machen, die mir widerfährt, auf die ich angewiesen bin. Ist das ein Mangel, ist es Gewinn? Es ist auf jeden Fall etwas anderes. **Ist diese Erfahrung der Endlichkeit nicht Bedingung der Erfahrung von Intensität?** Das Physische, das Gehen, die Praxis – das zieht mich zu den Dingen, das bringt mich zum Staunen. Ein Staunen, das auch Ertragen sein kann, hier oben oft. Es geht um das Leben, gar nicht ums Bauen. Um sich am Leben spüren. Intensität kann ich mir nur so vorstellen. **Der Architekt Franz Riepl hat es so gesagt: Qualität entsteht nur aus der Intensität.**[76] Oder anders: Intensität eröffnet Architekturqualität der besonderen Art, die sich unterscheidet von Erfüllung eines Programms, der Erledigung von Aufgaben. **Formintensität knüpft Mies van der Rohe an Lebensintensität.** Der wird's gewusst haben – und konnte es schnörkellos auf den Punkt bringen. Stark!

Gehen

Lebensintensität, das sind Sinnenbewusstsein und Leiblichkeit. Was wären wir denkenden Wesen ohne Wahrnehmung und Tat, dazu ganz entschieden die Hände und die Beine, ganz besondere Organe des Leibraums. Das wird gerade hier draußen überdeutlich. Ganz sicher, wir waren ja immer in Bewegung, auf den Beinen, zu Fuß, wir mussten an jedem Ort

---

76 Riepl, Franz: Das entsteht nur in der Intensität, in: Florian Aicher u. a. im Gespräch – Bauen in Bayern, Callwey, München 1996, S. 73 ff.

unseren Stand suchen, standhalten, eigenständig werden, bodenständig gegründet, anständig handeln im Sinn von: Was steht an und was gehört sich? Haltung hat einem die Landschaft abverlangt. **Emil Cioran hebt in einem Aphorismus die befreiende Wirkung hervor, draußen zu denken.**[77] **Das dürfte dir bekannt sein – unter dem offenen Himmel, unterwegs, Berge als Horizont. Denkt sich's draußen besser?** Vielleicht geht's in der Höhenluft am besten. Beim Gehen kommen die Gedanken leichter, sie fließen, sie gleiten auch davon, ich muss aufpassen, sie zu behalten, oft will ich sie aufschreiben. Aber irgendwann kehren sie zurück. ... Anders ist es in der Kirche. Da klopfen die Gedanken an, während man steht. Da weiß ich noch zwei Tage später davon. Aber sie fließen nicht. ... **Kierkegaard soll gesagt haben, zu seinen besten Gedanken sei er gegangen. Ohne sich aufzumachen, gibt es den aufrechten Gang nicht, Ernst Blochs**[78] **Metapher für Würde, Eigenständigkeit und unveräußerliche Rechte der Menschen. Die aufrechte Haltung wird im Gehen gewonnen. Der Mensch ist nicht gegründet wie der Baum mit einer Wurzel. In der Bewegung findet er Balance.** Stabil werden wir im Gehen, bewegt halte ich dem Windstoß stand. Unsere Wurzel ist die Bewegung im Raum, in der Zeit, im Kopf. Bewegend erfahre ich die Topografie der Berge. Stillstand ist anstrengend, ermüdet, versperrt manchen Ausweg. Bewegen macht mir Vergnügen und Hoffnung. **Standfest und bewegt – beides dank der Beine. Die machen dein Leben von Kindheit an, die machen deinen Ort; der ist nicht Gegenstand, sondern Bein, Hand, Kopf. Und deshalb ist dieser Ort nicht entrückt, verrätselt, sondern Leben, Praxis. Er ist dir gegeben.** Dieser Ort

---

77 Cioran, Emil M.: Gevierteilt, Suhrkamp, Frankfurt 1982, S. 100.
78 Bloch, Ernst: Naturrecht und menschliche Würde, Suhrkamp, Frankfurt 1972, S. 12.

ist unerschöpflich, auch wenn die Möglichkeiten nicht unbe-
grenzt sind; es gibt hier nur eine recht übersichtliche Zahl. Es
gibt dieses Brett hier – nur das; was kann ich daraus machen?
Wie würde man hier über creatio ex nihilo staunen und lachen!
Es gibt nicht viel hier, wenig Ablenkung, wenig Unterhaltung,
es ist langweilig, man muss sich mehr mühen, mit den Dingen
umzugehen, ihnen etwas abzugewinnen.   **Der Ort verlangt dir
etwas ab, erzwingt Fokussierung. Das schafft Erfahrungsdichte,
Intensität, Intuition. Daniel Humm, ein Landsmann und 2017
zum besten Koch der Welt ausgerufen, ging einen solchen Weg
der Verdichtung. Erste Schritte machen, intuitiv besser werden,
mehr wissen wollen und dann geschieht es: ein Gericht. „Das
hat mein Leben verändert." Etwas Grundlegendes war es, das in
seine Kindheit zurückreicht und seither Richtschnur blieb: „Wir
wollen verstehen, was damals war. Wir wollen zurück in dieses
Gefühl der reinen Kreativität."[79]**   Ist das nicht das Entscheidende am Entwurf: dass klar wird, worum es im Grunde geht?
Das baut auf Erfahrung auf, Erfahrung freilich, mit der ich
mich auseinandersetze, an der ich mich reibe, bis ich auf etwas
stoße, wo ich festen Halt finde.

Die Schwelle

**Du beschreibst so eine Ur-Erfahrung. Du sprichst von der
Schwelle. Nicht einer abstrakten, nicht irgendeiner Schwelle,
sondern der Schwelle zum Stall.**   Die Schwelle zum Stall ist
hoch, um die 30 cm. Hingegen beträgt die lichte Türhöhe nur
etwa 140 cm. Dieser Übergang von außen nach innen wie von
innen nach außen ist ein besonderer Ort. Als Bub habe ich
viel Zeit dort verbracht, allein, mit meinem Vater oder meinen

---

79 Humm, Daniel: Sellerie hat mein Leben verändert, in: SZ 21.7.2017 Samstagsküche.

Geschwistern. Wir haben gespielt und mit dem Sackmesser Zeichen ins Holz geritzt. Sobald die Kühe kamen, mussten wir den Platz räumen. Die Tiere mach-ten vor der Schwelle Halt, standen für einen Moment starr und bewe-gungslos da und schauten uns mit ihren großen Augen an. Manchmal, wenn im Sommer Schnee gefallen war, hatten sie einen langen Weg von ganz oben herunter, standen

Der Ursprung: die Schwelle.

plötzlich hungrig und dampfend vor der Schwelle und schau-ten mich an. Riesige Augen, die Eintritt begehren. Die Augen einer Kuh – höchste Weisheit, maßlose Einfalt – alles ist da. Und dann hoben sie mit einer schnellen Bewegung ihre Klauen und überwanden mühelos die Schwelle zum Innern. Diese Körperbewegung war ein Ritual. Der Schwellenort ertrug nicht nur diese vielfältigen Geschehnisse, er hatte auch eine Kontroll-funktion über sich anbahnende Ereignisse und bildete einen Schnitt zwischen unterschiedlichen Atmosphären. Bei schlech-tem Wetter funktionierte die Schwelle als Wetterscheide. Der Raum spendete Schatten, bot Schutz vor Hitze und Regen. Die Temperatur, aber auch die unterschiedlichen Gerüche wurden hier, an der Schwelle, in Zonen geteilt. Ich kehre noch immer gerne zurück zu diesem Ort. Die Schwelle ist da, wo sie schon immer war. Die Kühe treten jedoch nicht mehr darüber. Durch die Patina und durch das Schwinden und Quellen des Holzes sind die Zeichen und Ritzen unserer Sackmesser fast bis zur Unkenntlichkeit verschwunden. Sie haben nun etwas Geheim-nisvolles.

Die Augen der Kuh

Ist mit der Schwelle diese Erfahrung verblasst? Die Erinnerung an eine verschwundene Lebensform ist wach. Darauf kann ich bauen. Ein Teil von dem, was unwiderruflich zum Sterben verurteilt war, wird wieder lebendig. Ist das Transzendenz? An dieser Schwelle werden die Erinnerungen für mich zum Manifest für Beziehungen, für genaues, achtsames Beobachten, für ein Jenseits von Natur und Kultur, für deren Werte und ihren unscheinbaren Reichtum. Die Schwelle hat eine physische und geistige Form und spricht von stattgefundenen Ereignissen, von schönen und weniger guten. Die ganze Fülle des Lebens scheint darin eingeschrieben. Verlasse ich dann meine Erinnerungen und bleibe in der Gegenwart, so neige ich dazu, die Schwelle als eine Metapher ganzheitlicher Architektur zu sehen. Für eine Architektur, die Raum, Topografie, Material und Konstruktion genauso einbezieht wie die Eigenart der Dinge und die damit verbundenen Emotionen und Ereignisse, die bereichern durch das, was uns an Möglichkeiten zufiel, zufällt und zufallen wird; die uns verbinden mit denen, die vor uns waren und mit uns sind; die einen – weiten – Alltag bilden, für den zu schaffen sich lohnt. Ein Alltag, der Rückblick und Aufbruch fordert. Da könnte die Architektur entstehen, die ich mir wünsche. **Dass mit der Zeit die Ideen des Entwerfens leichter fließen: Hat das damit zu tun, dass diese Ur-Erfahrung so präsent ist, auch erst präsent werden musste?** Ja, für die eigene Position. Ob sie für andere gültig ist, spielt gar keine große Rolle. Zuerst mal müssen die Dinge für sich selbst stehen ... Ich denke schon, da liegt die Glaubwürdigkeit des Entwurfs. Er ist ja mein Beitrag zu dieser Welt und der unterscheidet sich vom neutralen Produkt der Maschine. Deren Rationalität reicht nicht. Es braucht Erfahrung, es braucht eigenes

Tun, es braucht Besinnung. Erfahrung und Denken müssen sich als Besinnen ergänzen. Keine Theorie, diese „Übereilung eines ungeduldigen Verstandes, der die Phänomene gerne los sein möchte"[80], wie es Goethe mal gesagt hat. Sondern Arbeit an der Erfahrung als Arbeit des Entwerfens. Ich werde immer wieder zurückkehren zu meiner Lieblingsschwelle, dorthin, wo die Erinnerungen meiner Kindheit lagern. Sie birgt Geheimnisse und Hoffnungen, sie ist Realität und Utopie. Sie zeigt Dinge, die nur ich verstehe, weil sie zu mir gehören. Sie erlaubt mir, die Welt zu sehen – mit diesen wunderbaren Augen einer Kuh.

---

80 Goethe, Johann Wolfgang von: Maximen und Reflexionen. Werke BD XII. Beck, München, 1981, S. 440.

Gion A. Caminada und Florian Aicher

Die Beteiligten

Gion A. Caminada, Architekt und Prof. ETH, *1957 in
Vrin, CH
Florian Aicher, Architekt und Autor, *1954 in Ulm, D
Francois Burkhardt, Designtheoretiker, *1936 in
Winterthur, CH
Petra Steiner, Fotografin, *1967 in Saalfelden, A

Schon lange bin ich unterwegs.
Allen, die mich begleitet haben, gilt mein Dank.
Ganz besonders bedanken möchte ich mich
bei meiner Frau Giuseppa, die mir so vieles
ermöglicht hat. Sie gab mir den Freiraum
und die Kraft, immer wieder aufzubrechen.
Gion A. Caminada